映画

「ゆきてかへらぬ」

公式浪漫手帖

「ゆきてかへらぬ」製作委員会

宝島社

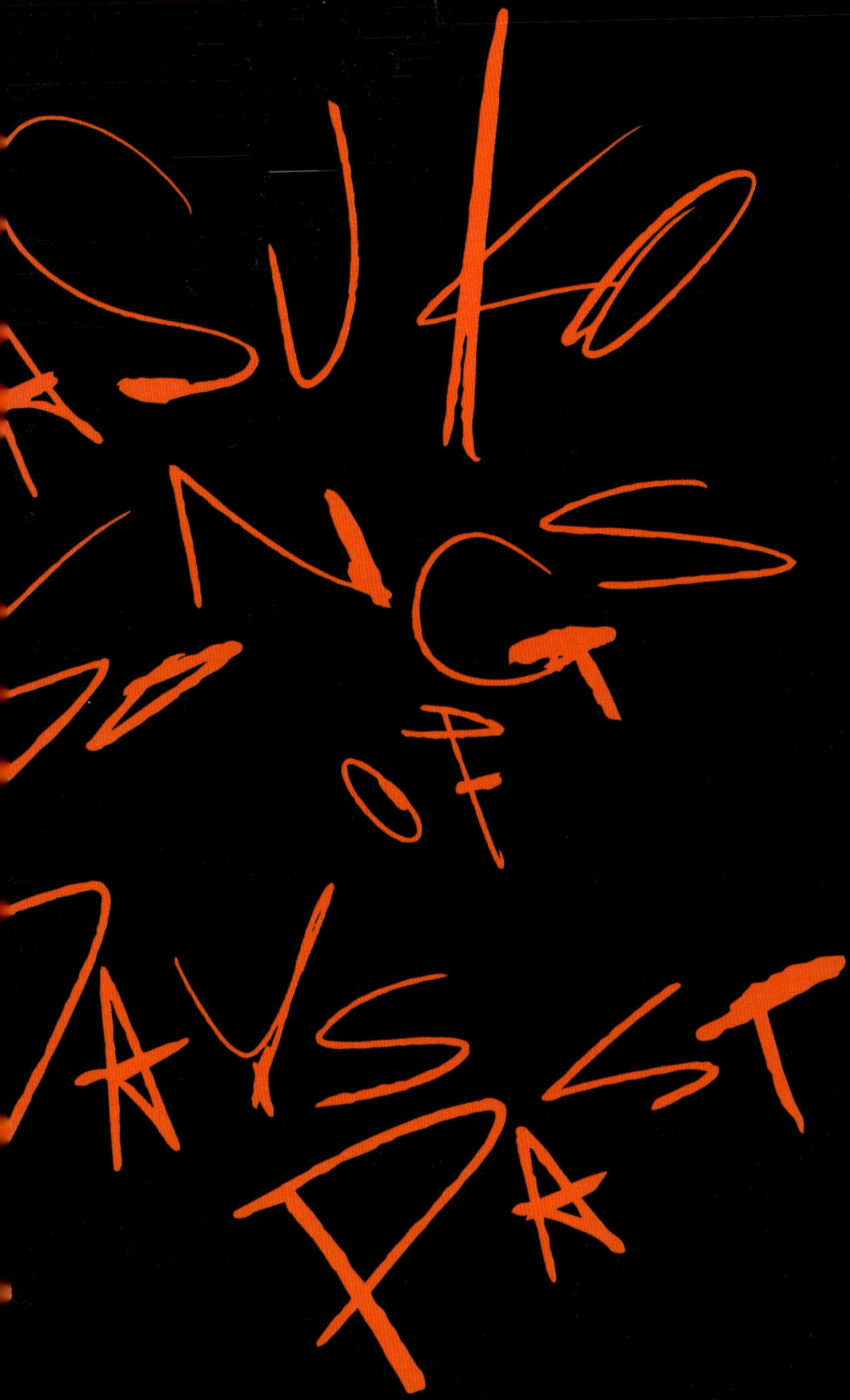
SUKO
OF

CONTENTS

PHOTO STORY

4 映画『ゆきてかへらぬ』

CHŪYA NAKAHARA POETRY COLLECTION

36 中原中也の世界　詩コレクション

54 登場人物紹介

INTERVIEW

56 広瀬すず

60 木戸大聖

64 岡田将生

68 監督・根岸吉太郎

—

70 実在の人物たち

74 映画メイキング写真

PHOTO STORY

●映画『ゆきてかへらぬ』

「詩を作ろうと思って……」

「柿で？……」

「毎日、そいつとにらめっこして、じっと見て、
あ、分かったと思う瞬間がある」

「……」

「それが、詩《し》です」

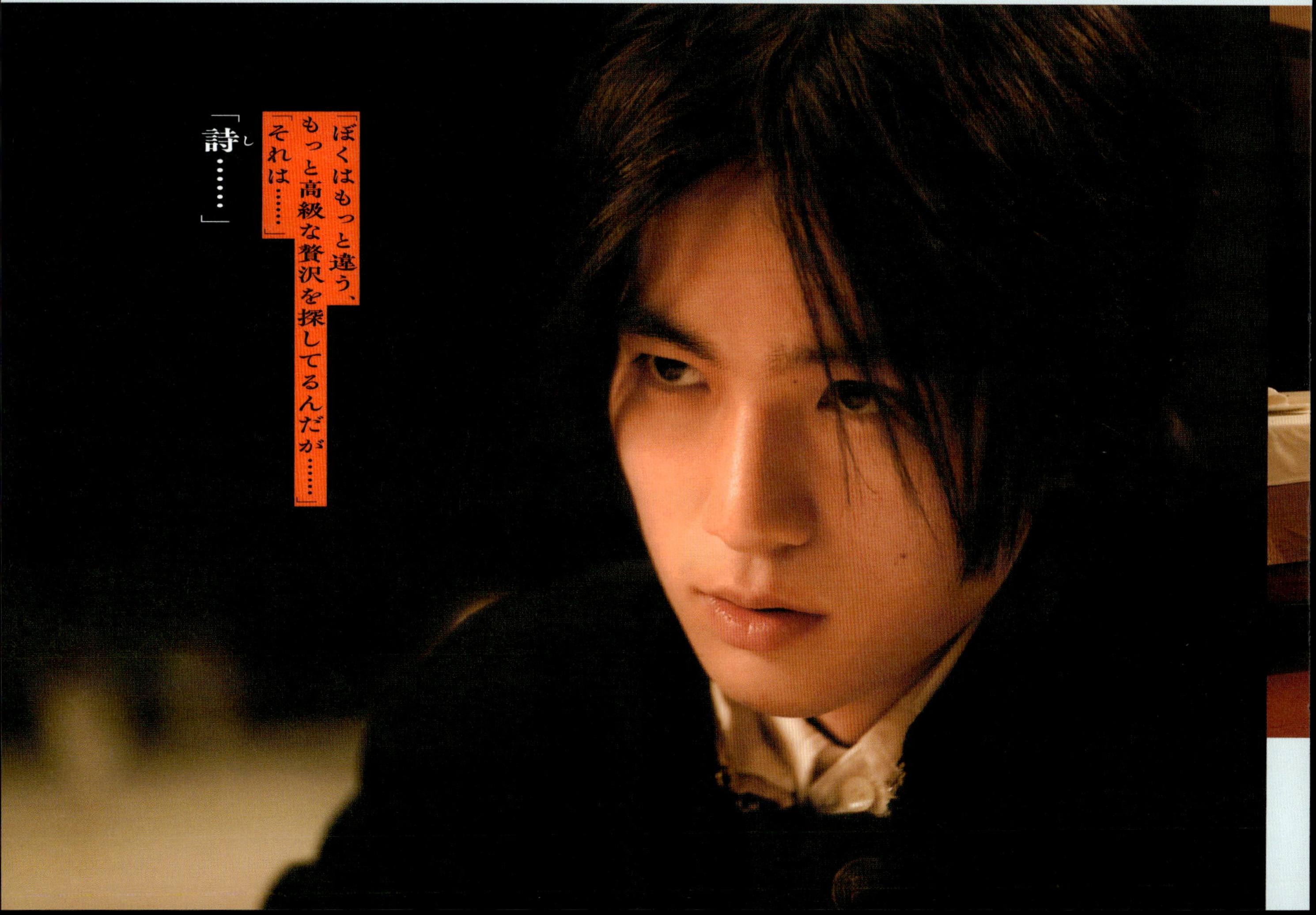

「ぼくはもっと違う、もっと高級な贅沢を探してるんだが……」
「それは……」
「詩《し》……」

正一位
稲荷大明神

「なあに、これ。
好きな女の子でもいたの？」

「ああ、俺のだ。おふくろが編んでくれた。
小学校五年生の冬だった。
……その頃、俺は
神童と言われていたもんだったが」

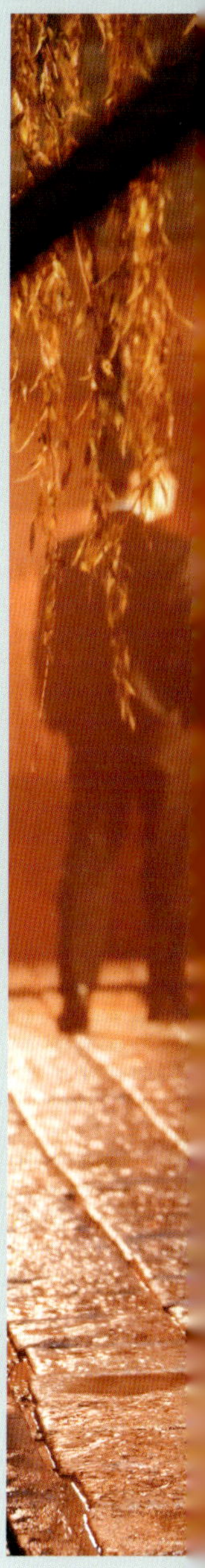

「これだ……捕まえたぞ！」

「ただいま……何を捕まえたの」

「詩《し》だ……」

「あのさ……
東京へ行かないか」

「戦争に来たんだぞ、俺は！」

「小林さん、あなた中原が好きなのね」

「俺は中原が嫌いですよ。
中原の天才は認めるが、それにつきまとう何かが嫌だ。
それが何かはわからんけど……」

「私が美しい？……」

「美しいよ。俺には十分美しい」

「まるで口説いてるみたい」

「……口説いてるんだよ」

「中原中也の孤独は
ビー玉のかたちをしています」

TOBACCO

商標
銘茶
松
ほうじ

「私、中原に見せてやりたい」

「あなたは嫉妬しない人だったから」

「嫉妬したさ。
それを出さなかっただけだ」

「異常にしたのはアンタだ」

「俺さ、見合いするんだ、今度」

「見合い？　結婚するの？」

「まあな」

「私たち、神経と神経でつながろうとしましたの。

それが一番深い愛、潔い、愛だと思ったから。
カラダでつながったり、お金でつながったりするよりも、
その方がずっと素敵と思えたのね。
でも男は逃げて行きました」

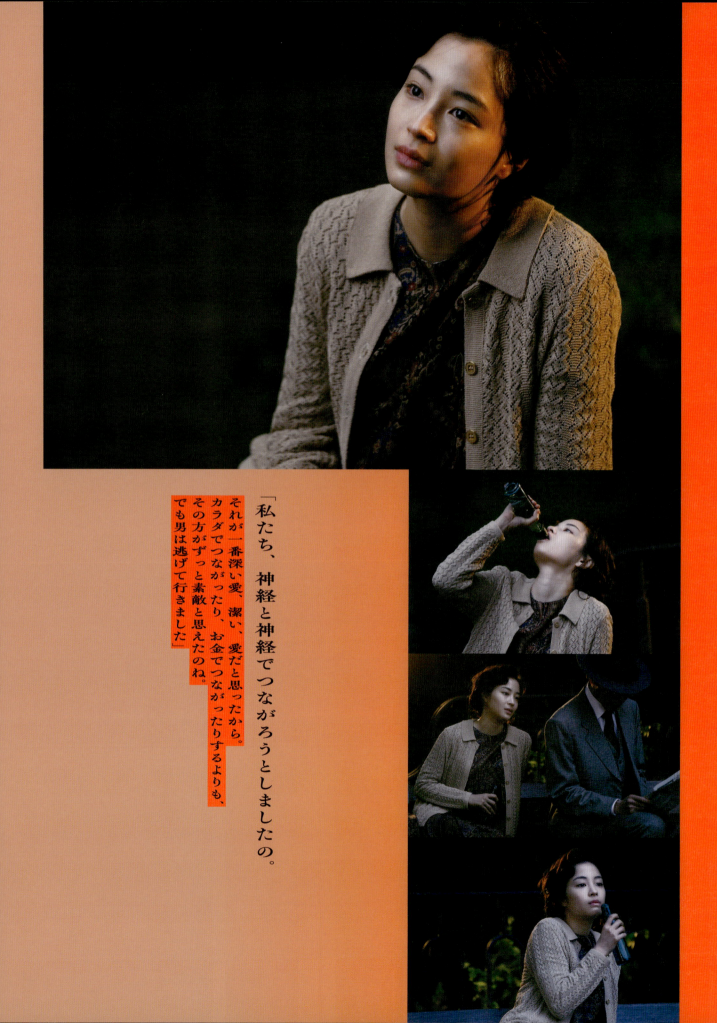

「泰子……無理するな。

俺とおまえは離れたら壊れちゃうんだよ」

「……終ったのよ」

「何が」

「私たちの不幸が」

「……悲しいだけの詩に
どんな値打ちがあるんだ……」

「そうじゃない。
お前の詩は、とてもそんなものじゃない」

「ホントにみんなちっとも変ってないわ」

「そう簡単に変ってたまるか」

「あなた……中原中也を知ってる？」

「……終ったのよ、私たちの不幸が」

CHŪYA NAKAHARA POETRY COLLECTION

中原中也の世界

詩コレクション

1907年4月29日に山口県で生まれ、
1937年10月22日に30歳の若さで亡くなった天才詩人、中原中也。
ここでは映画に出てくる3篇のほか、
長谷川泰子をモデルにしたとされるものなど、
計10篇の詩を掲載します。

協力：中原豊（中原中也記念館）

【収録】

- タバコとマントの恋
- 朝の歌　『山羊の歌』
- 一つのメルヘン　『在りし日の歌』
- サーカス　『山羊の歌』
- 汚れつちまつた悲しみに……　『山羊の歌』
- 春の日の夕暮　『山羊の歌』
- ゆきてかへらぬ　『在りし日の歌』
- 盲目の秋　『山羊の歌』
- 無題　『山羊の歌』
- 骨　『在りし日の歌』

タバコとマントの恋

タバコとマントが恋をした
その筈だ
タバコとマントは同類で
タバコが男でマントが女だ
或時二人が身投心中したが
マントは重いが風を含み
タバコは細いが軽かつたので
崖の上から海面に
到着するまでの時間が同じだつた
神様がそれをみて
全く相対界のノーマル事件だといつて
天国でビラマイタ
二人がそれをみて
お互の幸福であつたことを知つた時
恋は永久に破れてしまつた。

朝の歌

天井に　朱《あか》きいろいで
　戸の隙を　洩れ入る光、
鄙《ひな》びたる　軍楽の憶ひ
　手にてなす　なにごともなし。

小鳥らの　うたはきこえず
　空は今日　はなだ色らし、
倦《う》んじてし　人のこころを
　諫《いさ》めする　なにものもなし。

樹脂《じゅし》の香に　朝は悩まし
　うしなひし　さまざまのゆめ、
森竝《もりなみ》は　風に鳴るかな

ひろごりて　たひらかの空、
　土手づたひ　きえてゆくかな
うつくしき　さまざまの夢。

『山羊の歌』

◆一つのメルヘン

秋の夜は、はるかの彼方《かなた》に、
小石ばかりの、河原があつて、
それに陽は、さらさらと
さらさらと射してゐるのでありました。

陽といつても、まるで硅石《けいせき》か何かのやうで、
非常な個体の粉末のやうで、
さればこそ、さらさらと
かすかな音を立ててもゐるのでした。

さて小石の上に、今しも一つの蝶がとまり、
淡い、それでゐてくつきりとした
影を落としてゐるのでした。

やがてその蝶がみえなくなると、いつのまにか、
今迄流れてもゐなかつた川床に、水は
さらさらと、さらさらと流れてゐるのでありました……

『在りし日の歌』

サーカス

幾時代かがありまして
　茶色い戦争ありました

幾時代かがありまして
　冬は疾風吹きました

幾時代かがありまして
　今夜此処《ここ》での一《ひ》と殿盛《さか》り
　　今夜此処での一と殿盛り

サーカス小屋は高い梁《はり》
　そこに一つのブランコだ
見えるともないブランコだ

頭倒《さか》さに手を垂れて
　汚れ木綿の屋蓋《やね》のもと
ゆあーん　ゆよーん　ゆやゆよん

それの近くの白い灯が
　安値《やす》いリボンと息を吐き

観客様はみな鰯《いわし》
　咽喉《のんど》が鳴ります牡蠣殻《かきがら》と
ゆあーん　ゆよーん　ゆやゆよん

屋外《やぐわい》は真ッ闇《くら》　闇《くら》の闇《くら》
夜は劫々と更けまする
落下傘奴《らくかがさめ》のノスタルヂアと
ゆあーん　ゆよーん　ゆやゆよん

『山羊の歌』

◆汚れつちまつた悲しみに……

汚れつちまつた悲しみに
今日も小雪の降りかかる
汚れつちまつた悲しみに
今日も風さへ吹きすぎる

汚れつちまつた悲しみは
たとへば狐の革裘《かはごろも》
汚れつちまつた悲しみは
小雪のかかつてちぢこまる

汚れつちまつた悲しみは
なにのぞむなくねがふなく
汚れつちまつた悲しみは
倦怠《けだい》のうちに死を夢む

汚れつちまつた悲しみに
いたいたしくも怖気《（おじけ）》づき
汚れつちまつた悲しみに
なすところもなく日は暮れる……

『山羊の歌』

春の日の夕暮

トタンがセンベイ食べて
春の日の夕暮は穏かです
アンダースローされた灰が蒼ざめて
春の日の夕暮は静かです

吁《ああ》！　案山子《かかし》はないか——あるまい
馬嘶《いなな》くか——嘶きもしまい
ただただ月の光のヌメランとするまゝに
従順なのは　春の日の夕暮か

ポトホトと野の中に伽藍は紅く
荷馬車の車輪　油を失ひ
私が歴史的現在に物を云へば
嘲《あざけ》る嘲る　空と山とが

瓦が一枚　はぐれました
これから春の日の夕暮は
無言ながら　前進します
自《み》らの　静脈管の中へです

『山羊の歌』

ゆきてかへらぬ
——京　都——

僕は此の世の果てにゐた。陽は温暖に降り洒《(そそ)》ぎ、風は花々揺つてゐた。

木橋の、埃りは終日、沈黙し、ポストは終日赫々《(あかあか)》と、風車を付けた乳母車、いつも街上に停つてゐた。

棲む人達は子供等は、街上に見えず、僕に一人の縁者《みより》なく、風信機《かざみ》の上の空の色、時々見るのが仕事であつた。

さりとて退屈してもゐず、空気の中には蜜があり、物体ではないその蜜は、常住食すに適してゐた。

煙草くらゐは喫つてもみたが、それとて匂ひを好んだばかり。おまけに僕としたことが、戸外でしか吹かさなかつた。

さてわが親しき所有品《もちもの》は、タオル一本。枕は持つてゐたとはいへ、布団ときたらば影だになく、歯刷子《はぶらし》くらゐは持つてもゐたが、たつた一冊ある本は、中に何にも書いてはなく、時々手にとりその目方、たのしむだけのものだつた。

女たちは、げに慕はしいのではあつたが、一度とて、会ひに行かうと思はなかつた。夢みるだけで沢山だつた。

名状しがたい何物かゞ、たえず僕をば促進し、目的もない僕ながら、希望は胸に高鳴つてゐた。

＊　＊　＊

林の中には、世にも不思議な公園があつて、無気味な程にもにこやかな、女や子供、男達散歩してゐて、僕に分らぬ言語を話し、僕に分らぬ感情を、表情してゐた。

さてその空には銀色に、蜘蛛の巣が光り輝いてゐた。

『在りし日の歌』

盲目の秋

I

風が立ち、浪が騒ぎ、
　無限の前に腕を振る。
その間《かん》、小さな紅《くれなゐ》の花が見えはするが、
　それもやがては潰れてしまふ。

風が立ち、浪が騒ぎ、
　無限のまへに腕を振る。

もう永遠に帰らないことを思つて
　酷薄な嘆息するのも幾たびであらう……

私の青春はもはや堅い血管となり、
　その中を曼珠沙華《ひがんばな》と夕陽とがゆきすぎる。

それはしづかで、きらびやかで、なみなみと湛《(たた)》へ、
　去りゆく女が最後にくれる笑《ゑま》ひのやうに、

厳《おごそ》かで、ゆたかで、それでゐて佗《(わび)》しく
　異様で、温かで、きらめいて胸に残る……

III

私の聖母《サンタ・マリヤ》！
　とにかく私は血を吐いた！……
おまへが情けをうけてくれないので、
　とにかく私はまゐつてしまつた……

それといふのも私が素直でなかつたからでもあるが、
　それといふのも私に意気地がなかつたからでもあるが、
私がおまへを愛することがごく自然だつたので、
　おまへもわたしを愛してゐたのだが……

おゝ！　私の聖母《サンタ・マリヤ》！
　いまさらどうしやうもないことではあるが、
せめてこれだけ知るがいい――

あゝ、胸に残る……
風が立ち、浪が騒ぎ、
　無限のまへに腕を振る。

Ⅱ

これがどうならうと、あれがどうならうと、
そんなことはどうでもいいのだ。

これがどういふことであらうと、それがどういふことであらうと、
そんなことはなほさらどうだつていいのだ。

人には自恃《じじ》があればよい！
その余はすべてなるまゝだ……

自恃だ、自恃だ、自恃だ、自恃だ、
ただそれだけが人の行ひを罪としない。

平気で、陽気で、藁束のやうにしむみりと、
朝霧を煮釜に塡《つ》めて、跳起きられればよい！

ごく自然に、だが自然に愛せるといふことは、
　そんなにたびたびあることでなく、
そしてこのことを知ることが、さう誰にでも許されてはゐないのだ。

Ⅲ

せめて死の時には、
あの女が私の上に胸を披《ひら》いてくれるでせうか。
　その時は白粧《おしろい》をつけてゐてはいや、
　その時は白粧をつけてゐてはいや。

ただ静かにその胸を披いて、
私の眼に副射してゐて下さい。
　何にも考へてくれてはいや、
　たとへ私のために考へてくれるのでもいや。

ただはららかにはららかに涙を含み、
あたたかく息づいてゐて下さい。
――もしも涙がながれてきたら、

いきなり私の上にうつ俯して、
それで私を殺してしまつてもいい。
すれば私は心地よく、うねうねの暝土《よみぢ》の径を昇りゆく。

『山羊の歌』

無題

I

こひ人よ、おまへがやさしくしてくれるのに、
私は強情だ。ゆふべもおまへと別れてのち、
酒をのみ、弱い人に毒づいた。今朝
目が覚めて、おまへのやさしさを思ひ出しながら
私は私のけがらはしさを歎いてゐる。そして
正体もなく、今茲《ここ》に告白をする、恥もなく、
品位もなく、かといつて正直さもなく
私は私の幻想に駆られて、狂ひ廻る。
人の気持をみようとするやうなことはつひになく、
こひ人よ、おまへがやさしくしてくれるのに
私は頑《かたく》なで、子供のやうに我儘《わがまま》だつた！
目が覚めて、宿酔《ふつかよひ》の厭《いと》ふべき頭の中で、
戸の外の、寒い朝らしい気配を感じながら
私はおまへのやさしさを思ひ、また毒づいた人を思ひ出す。
そしてもう、私はなんのことだか分らなく悲しく、
今朝はもはや私がくだらない奴だと、自《み》ら信ずる！

II

彼女の心は真つ直《すぐ》い！
彼女は荒々しく育ち、
たよりもなく、心を汲んでも
もらへない、乱雑な中に
生きてきたが、彼女の心は
私のより真つ直いそしてぐらつかない。

彼女は美しい。わいだめもない世の渦の中に
彼女は賢くつつましく生きてゐる。
あまりにわいだめもない世の渦のために、
折に心が弱り、弱々しく躁《さわ》ぎはするが、
而《しか》もなほ、最後の品位をなくしはしない
彼女は美しい、そして賢い！

嘗《かつ》て彼女の魂が、どんなにやさしい心をもとめてゐたかは！
しかしいまではもう諦めてしまつてさへゐる。
我利々々で、幼稚な、獣《けもの》や子供にしか、
彼女は出遇《であ》はなかつた。おまけに彼女はそれと識《し》らずに、
唯、人といふ人が、みんなやくざなんだと思つてゐる。
そして少しはいぢけてゐる。彼女は可哀想だ！

Ⅲ

かくは悲しく生きん世に、なが心
かたくなにしてあらしめな。
われはわが、したしさにはあらんとねがへば
なが心、かたくなにしてあらしめな。

かたくなにしてあるときは、心に眼《まなこ》
魂に、言葉のはたらきあとを絶つ
なごやかにしてあらんとき、人みなは生《あ》れしながらの
うまし夢、またそがことはり分ち得ん。

おのが心も魂も、忘れはて棄て去りて
悪酔の、狂ひ心地に美を索《もと》む
わが世のさまのかなしさや、

おのが心におのがじし湧きくるおもひもたずして、
人に勝《まさ》らん心のみいそがはしき
熱を病む風景ばかりかなしきはなし。

Ⅲ

私はおまへのことを思つてゐるよ。
いとほしい、なごやかに澄んだ気持の中に、
昼も夜も浸つてゐるよ、
まるで自分を罪人ででもあるやうに感じて。

私はおまへを愛してゐるよ、精一杯だよ。
いろんなことが考へられもするが、考へられても
それはどうにもならないことだしするから、
私は身を棄ててお前に尽さうと思ふよ。

またさうすることのほかには、私にはもはや
希望も目的も見出せないのだから
さうすることは、私に幸福なんだ。

幸福なんだ、世の煩《(わずら)》ひのすべてを忘れて、
いかなることとも知らないで、私は
おまへに尽せるんだから幸福だ！

V　幸福

幸福は厩《うまや》の中にゐる
藁の上に。
幸福は
和める心には一挙にして分る。
　頑《かたく》なの心は、不幸でいらいらして、
　せめてめまぐるしいものや
　数々のものに心を紛らす。
　そして益々不幸だ。

幸福は、休んでゐる
そして明らかになすべきことを
少しづつ持ち、
幸福は、理解に富んでゐる。

　頑なの心は、理解に欠けて、
　なすべきをしらず、ただ利に走り、
　意気消沈して、怒りやすく、
　人に嫌はれて、自らも悲しい。

されば人よ、つねにまづ従はんとせよ。
従ひて、迎へられんとには非ず、
従ふことのみ学びとなるべく、学びて
汝が品格を高め、そが働きの裕《ゆた》かとならんため！

『山羊の歌』

骨

ホラホラ、これが僕の骨だ、
生きてゐた時の苦労にみちた
あのけがらはしい肉を破つて、
しらじらと雨に洗はれ、
ヌツクと出た、骨の尖《さき》。

それは光沢もない、
ただいたづらにしらじらと、
雨を吸収する、
風に吹かれる、
幾分空を反映する。

生きてゐた時に、
これが食堂の雑踏の中に、
坐つてゐたこともある、
みつばのおしたしを食つたこともある、
と思へばなんとも可笑《(おか)》しい。

ホラホラ、これが僕の骨——
見てゐるのは僕？　可笑しなことだ。
霊魂はあとに残つて、
また骨の処にやつて来て、
見てゐるのかしら？

故郷《ふるさと》の小川のへりに、
半ばは枯れた草に立つて、
見てゐるのは、——僕？
恰度《(ちょうど)》立札ほどの高さに、
骨はしらじらととんがつてゐる。

『在りし日の歌』

【出典】
角川ソフィア文庫『中原中也全詩集』二〇〇七年十月二五日
※著者の振り仮名は歴史的仮名遣い、編者の振り仮名は( )に括り現代仮名遣いで区別

登場人物紹介

CHARACTER INTRODUCTION

天才詩人／中原中也

［ 木戸大聖 ］

山口県の名家の長男として生まれた天才詩人。故郷の山口県から京都の中学校へ編入し、下宿生活を送っている。17歳のときに、3歳年上の女優・長谷川泰子と出会う。

文芸評論家／小林秀雄

［ 岡田将生 ］

東京生まれの文芸評論家。東京帝国大学文学部卒業。若き詩人・中原中也の詩に惚れ込むが、中也と同棲していた泰子に惹かれる。

駆け出しの女優／長谷川泰子

［ 広瀬すず ］

広島県で生まれ、19歳のときに女優になる夢を叶えるために家出をする。上京後、関東大震災を機に移った京都で中原中也と出会い、同棲生活を始める。

スター女優

[草刈民代]

泰子が出入りする撮影所のスター女優。

鷹野叔

[トータス松本]

泰子のつらい過去を知る謎の男。

泰子の母／長谷川イシ

[瀧内公美]

精神を患っており、泰子が幼い頃に夫を亡くす。

中也の妻／中原孝子

[藤間爽子]

中也が泰子と別れたのちに、中也と結婚する。

東京大学・辰野教授

[カトウシンスケ]

小林の友人で、東京大学に勤めている。

富永太郎

[田中俊介]

中也の数少ない友人で、詩人・画家としても活躍。

勤め人

[柄本佑]

泰子が東京の公園で出会った勤め人。

INTERVIEW

広瀬すず
［長谷川泰子］役

SUZU HIROSE

中原中也と小林秀雄に愛された女優・長谷川泰子を演じた広瀬すずさん。キャストの少ない現場ならではのおもしろさを感じたという本作での撮影について、お話を伺いました。

お互いに噛み合ってないのに通じ合ってる関係性

——クランクアップの際、「泰子はとにかく想いが強い人なんじゃないか」とおっしゃっていましたね。映画が完成したいま、泰子をどんな女性だと感じていますか。

「ちょっとめんどくさい人だなって(笑)。でもそこが、この3人の世界を作っている。この3人、みんなめんどくさいじゃないですか(笑)。でも、結ばれてる糸みたいなものがあって。3人が3人とも独特のリズム感でピースがハマっている感じがある。完成した映画を観て、こんなに変な間があったんだと。(撮影)現場にいると、あの噛み合ってない感じがおもしろくて、何も思わなかったのに、その後、テンポのいい会話の作品を何作かやって、それでこの映画を観ると、テンポが独特で、3人が噛み合ってないのがすごくいいなと。冷静に捉えると、言葉の言い回し、あと語尾が大正時代ならではだからなのかもしれませんが、その辺りのことも含めて、噛み合ってないのに通じ合ってる、その関係性がいいなって」

——めんどくさい人のなかでもタイプが違うので、噛み合わない。でも、そんな3人が一緒にいられたのはなんでだったのでしょうか。

「みんな、どこかかわいそうな人でもあるんです。これはほかの人に理解してもらえないなっていうところがある。そういう意味では運命共同体というか。どこか穴が空いているような。ケンカのシーンとかも、慰め合ってるように思える。欠けているものを埋めてあげているような。その部分にすごく執着しているから、余計めんどくさく思えるのかもしれない。でも、あれだけ執着し合えているのも、いいですよね……。泰子を演じていると、ずっと2人(中原中也と小林秀雄)のことを見ていたり考えたりしてないと、何ひとつ結びつかないくらいつねに2人が頭のなかにいるんです。2人が私の人生、くらいに。そう考えると、すごい世界だなと。それ以上、視野が広がらないくらい、2人の男性の間に泰子がいて。なんなんだろう、あれは。目が合っているようで合っていない。ピントが合っているようで合っていない。全員が全員、もはや誰がかき乱しているのかどうかもわからない。たった一言で世界が変わってしまうような、狭い世界で生きている。キャストも少なかったので、私自身、2人だけを見ていることができた。キャストが少ないのっておもしろいですね」

後悔したくないので、演じるうえで遠慮はしない

——泰子は気位の高い女優で、端役なのに堂々と振る舞っていて、撮影所でその演技を諭されると「私は自分が主役だと思って演じている」と啖呵《たんか》を切るじゃないですか。あれは非常に気持ちのいい言葉でした。誰もがその人の人生のなかでは主役ですよね。私は広瀬すずさんの演技を見ていて、同様の清々しさを感じるんです。

「10代の頃に主役じゃない現場で『お芝居として脇(役)には脇の立ち回り方があるんだよ』って言われたことがあるんですけど、ずっと『そうなの?』って感じです。そこはもしかしたら近いかもしれないですね。そこで教えられたことの意味はわかったけど、でも(芝居を)やることに対しては(主役であろうと脇役であろうと)差はないというか。セリフをしゃべっている人の邪魔はしない、とは決めていますが、たとえば自分のとても大事なシーンを、ちょっとやりづらさを残したまま演じて、それが世に出ると思ったら、後悔したくはないですよね。そこは遠慮しないタイプだと思います。自分が真ん中に立たせてもらう(主演作の)現場では、『誰が主演でもみんな一緒でしょ』という態度でいますね」

——すごくうれしいお話です。ところでラ

INTERVIEW
SUZU HIROSE　TAISEI KIDO　MASAKI OKADA

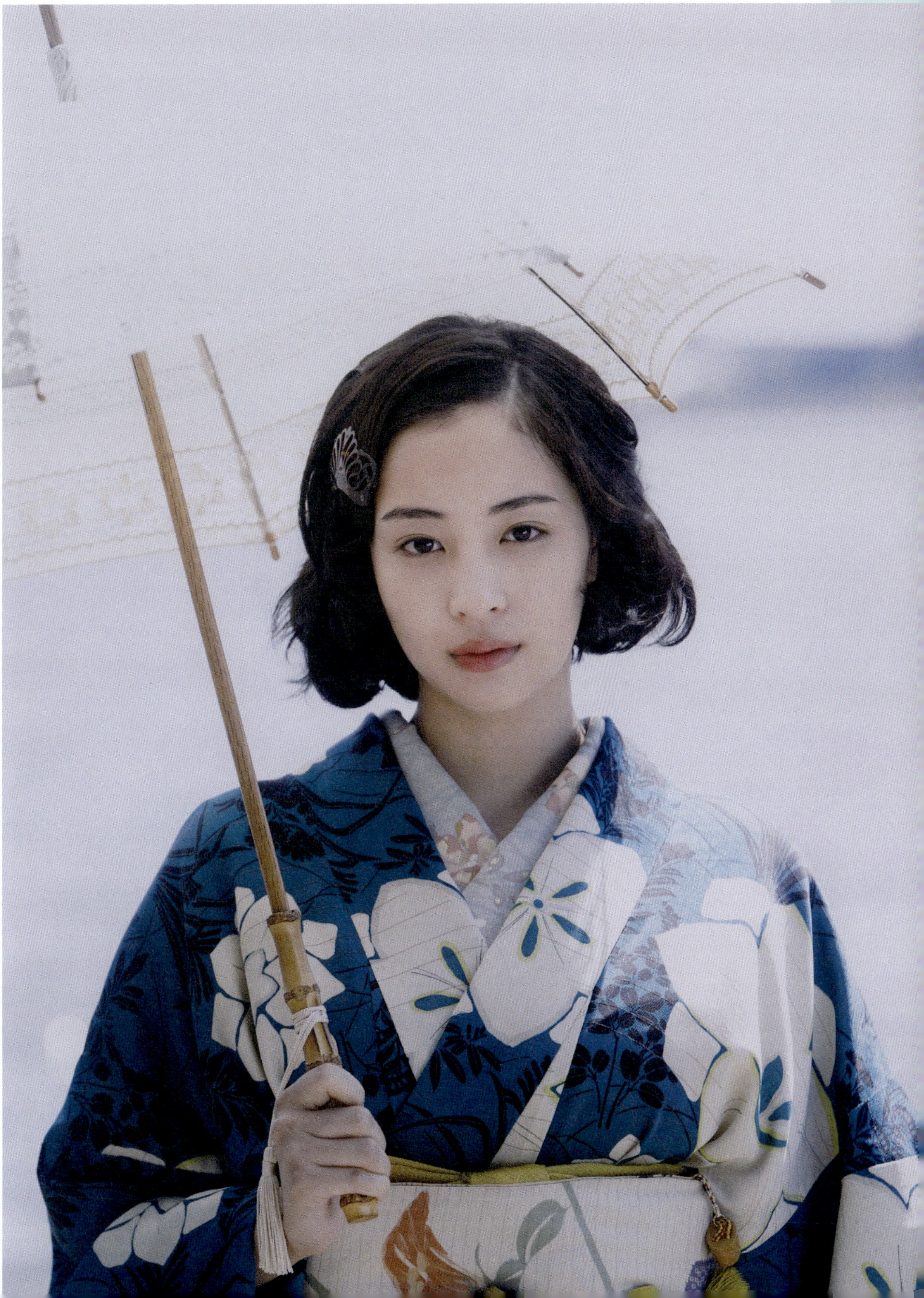

ストシーンの表情が本当にすばらしいですね。この映画全体が、あの表情に凝縮されているような気がしました。

「1シーン、1シーンが濃厚なので、特別ラストだけ何か考えていたわけではないんですけど、『突っかえ棒なしに』というあの言葉を言えたのは、衣装でスイッチが入った感じはありました」

――あのブラックドレスですね。

「中也の奥さんに対しても、距離感、セリフのやり取り含めて、ああ、これはもう泰子だなあと。その流れがあったので『突っかえ棒』もすごく言いやすかった。すんなり受け入れられたんですよね」

――あの言葉は説明じゃなくて、あの人のなかから出てきた本当の言葉だなって。すごい説得力でした。

「鎖をある意味、棄てた。消した。そんな感覚だった気がします」

――長い期間のお話ですが、泰子の潔さは一貫していたように思います。

「泰子は、どんどん求める。それを強く強くしていたかもしれないですね。目線だけでもいいから。とにかくこっちを見てほしい。そういうところが泰子にはある。小林のところに行ってからのほうが、いろいろなことをより繊細にやっていた気がします。中也のときは大胆に思い切ってやろうと。それは木戸(大聖)くんと岡田(将生)さんの年齢差ともちょうど相まって。同世代とはバン！とやって。年上とは大人の空気で。わかりやすくやれていたかもしれないです。あの2人の空気に勝手にのめり込めばいいんだと。2人に私が翻弄されていいかないと、ただヒステリックな女の人に見えてしまう。みんな、どこか1枚フィルターを通して相手のことを見てるから、めんどくさいし、ストレートでいいのに全然ストレートじゃないんですよね。ひとつの言葉に10個くらいの要素が詰まっている。気分とか、そのときのノリとか、ちょっとしたことが全部を狂わせる関係性なんですよ」

――泰子自身はもう少しシンプルに生きたかったんですかね。

「不器用とも違うんですよね。雑なのかな」

――ワイルドなのかも。

「ワイルドですよね。全員ワイルド。でも、子猫みたいな子犬みたいなウサギみたいな『小さい』部分もちゃんとあって。そのバランスがすごい。何か本人たちにしかわからないバランス感覚があったんでしょうね」

――女性と男性が揉めてる修羅場のシーンって、普通なら観ていてキツいものですが、この映画ではすごく切ないんですよね。本気でケンカしている姿が。ケンカって切ないですね。

「そうですよ。生きていることを表明するような。自分の居場所を伝えるような。そんなシーンだったなと思いますね。嫉妬だけじゃない何か。わかりやすい感情よりも先に何かが込み上げてきたから、手が出た。身体と連動しているような。そこもまた不器用なようで不器用じゃない危うさだったと思います」

[広瀬 すず] SUZU HIROSE

1998年6月19日生まれ、静岡県出身。
12年「Seventeen」の専属モデルとして芸能界デビュー。ドラマ「幽かな彼女」(13)で女優としての活動を開始。主な出演作に、『海街diary』(15)、『バケモノの子』(15)、『ちはやふる』シリーズ(16、18)、『四月は君の嘘』(16)、『怒り』(16)、『三度目の殺人』(17)、『打ち上げ花火、下から見るか?横から見るか?』(17)、『SUNNY 強い気持ち・強い愛』(18)、NHK連続テレビ小説「なつぞら」(19)、『ラストレター』(20)、『一度死んでみた』(20)、『いのちの停車場』(21)、『流浪の月』(22)、『映画 ネメシス 黄金螺旋の謎』(23)、『水は海に向かって流れる』(23)、『キリエのうた』(23)など。公開待機作に『片思い世界』(25年4月4日公開)、『宝島』(25年9月19日公開)、『遠い山なみの光』(25年夏公開予定)などがある。

INTERVIEW
SUZU HIROSE TAISEI KIDO MASAKI OKADA

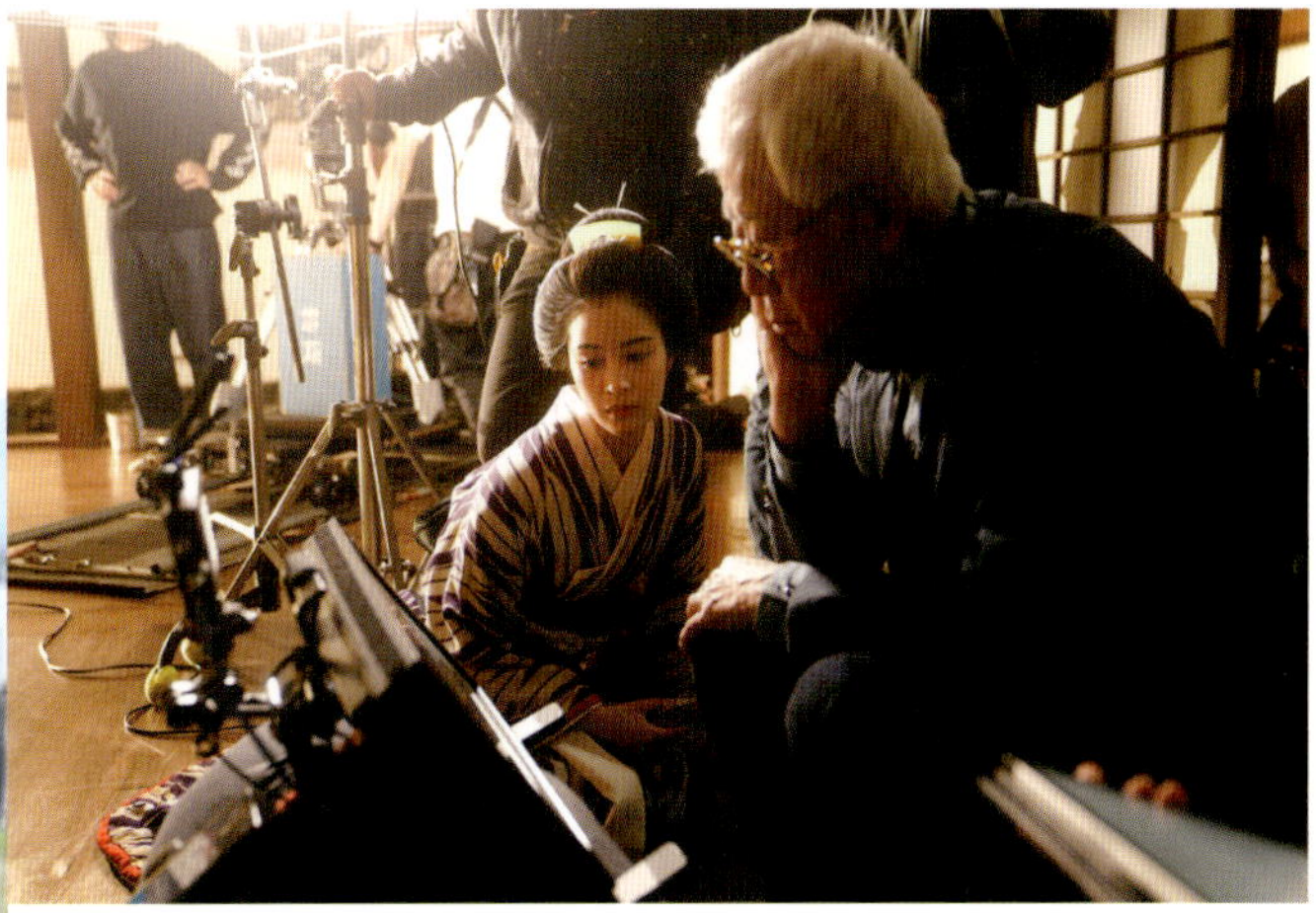

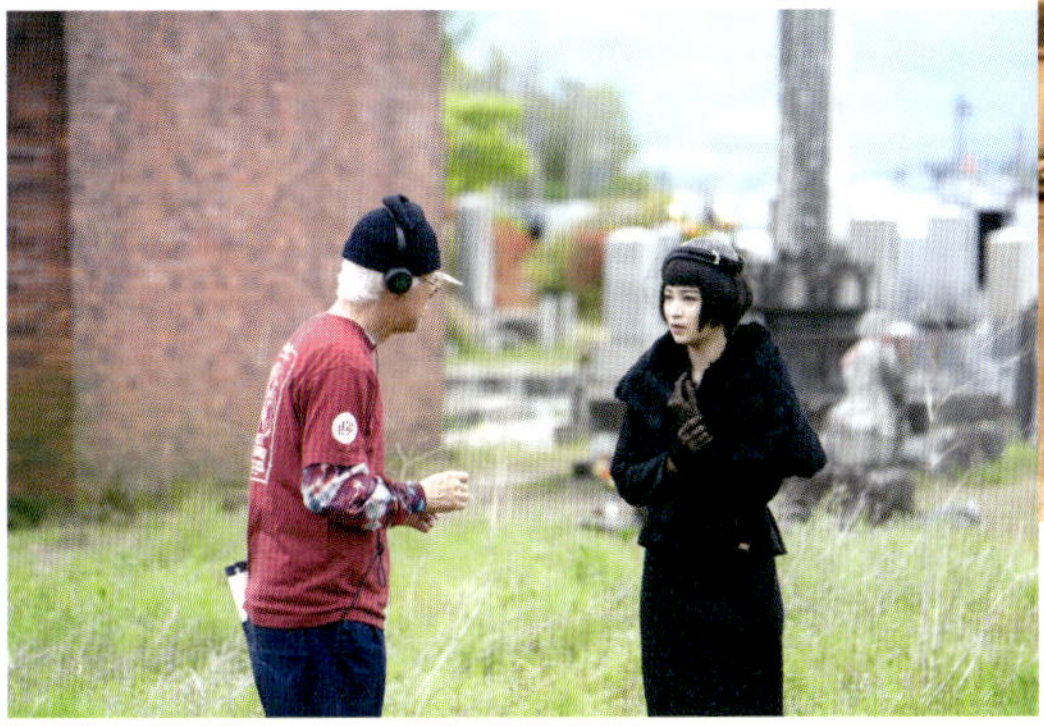

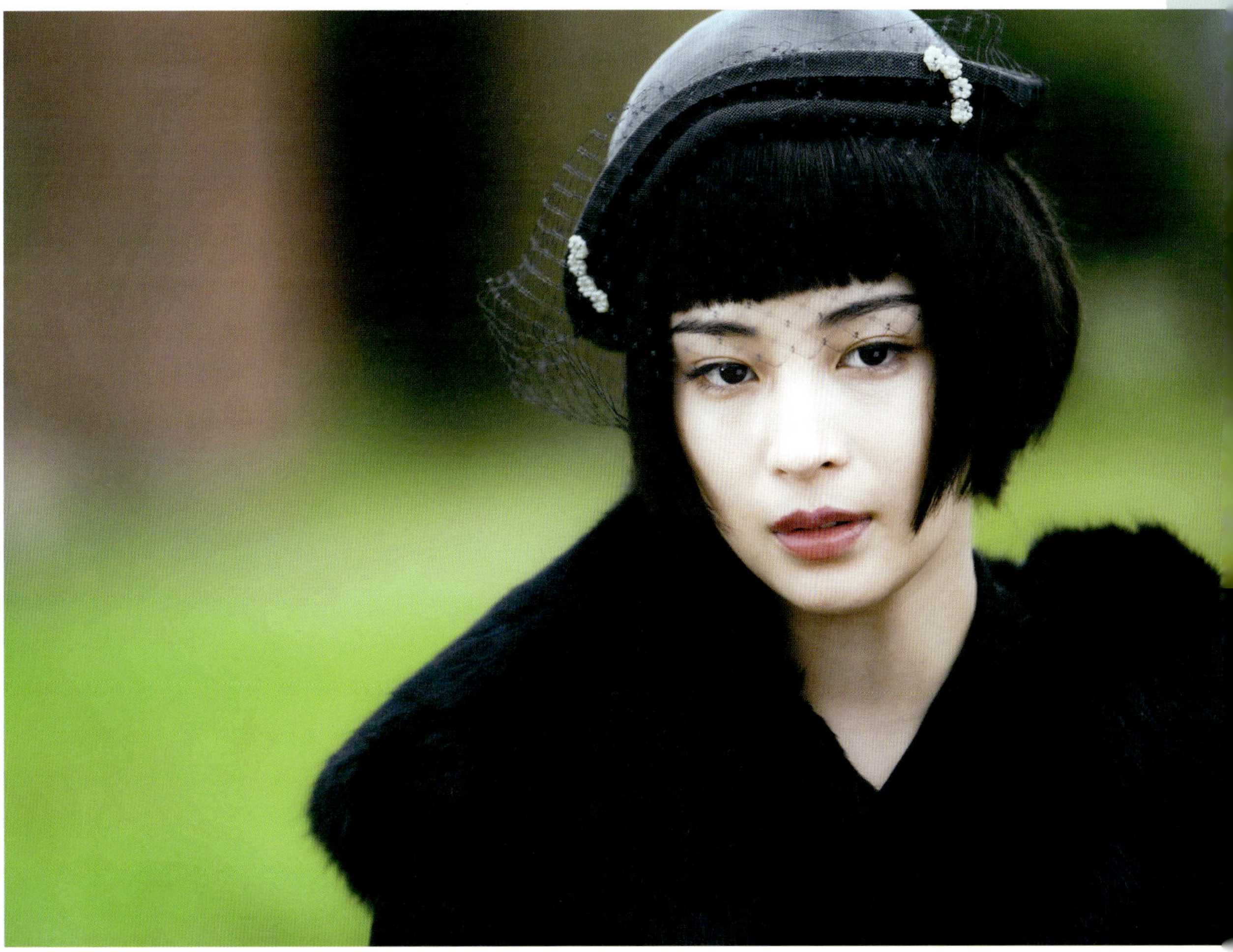

［中原中也］役

木戸大聖

TAISEI KIDO

中原中也という実在の天才詩人を演じた木戸大聖さん。
「当時の自分がやれることは全部やった」という役へのチャレンジ、
そして中也と泰子の関係性について、語っていただきました。

INTERVIEW

SUZU HIROSE　TAISEI KIDO　MASAKI OKADA

「新しい中也像を作ろう」と割り切れた

——木戸さんにしかできない中原中也がそこにいました。これまでの中也像とは違うと思います。

「これまで演じられた方々のことも聞いてはいました。ただ、自分にとってはいままでやってきた役とはかけ離れていて。自分の枠を超えてトライしないといけない。そのことが大きかったです。とはいえ、演じるうえで『自分のフィルター』を通さないと、そこにはリアリティが生まれない。だから、新しい中也像を作ろう、と割り切れたのかもしれません。彼らの愛し合い方って、いまの人から見たら、ちょっといびつかもしれないけど、根源にあるのはすごくまっすぐな気持ちだったりする。それは自分がいままでやってきた役の、まっすぐにぶつけていくところ、そこは、もしかしたら使えるかもって思いました。どっちもあるんです。いままでにない部分と、これまでの自分の使えるところ。上手くミックスしていきたいなと」

——撮影は2023年の春でしたね。

「当時の自分がやれることは全部やった結果ではあると思います。逆に言えば、あれから月日が経って、その後、いろいろやらせてもらった経験値がまるでない純粋さもあるのかもしれない。だからこそ、自分の中也は生まれたし、だからこそ、2人(長谷川泰子と小林秀雄)にぶつかるエネルギーも生まれた。何も持っていない。知識も何もないから、身体でぶつかっていくしかない。役者としても、広瀬すずに、岡田将生に、ぶつかっていくしかない。それは、あのときだったからこそかも」

——中也にとって泰子はどのような存在だったのでしょうか。

「彼女に『詩ができた』と言うときもそうですが、彼にとって思想の基となるものかもしれない。彼女から発せられる言葉もそうかもしれないけど、僕が思うのは、彼女の生き様、もっと言えば『居る』ということ。だから、同棲していることにも、すごく価値があって。隣にいるだけでもよかったのかもしれないし。『タバコとマントの恋』に対する彼女の『面白いわ』の一言の大きさ。中也にとっては勝手に(何かを)もらえちゃう存在。彼は詩をつかまえようとしている。で、(彼女が)いるだけで、あ!と発見できる。彼女にそんなつもりがなくても、ポンと落としてくれるような気がした。泰子が中也のいろいろな引き出しを作ってくれる。だから身体でぶつかり合ってもいたのかなって。発見ができる、思想が浮かぶ、言葉が浮かぶ。全部、新しい。とにかく一緒にいたい。そういうところがあったのかなと」

——終盤の乳母車のシーンで、中也が泰子に言いますよね。「おまえの批評を一番信用するよ」と。小林秀雄という日本一の批評

INTERVIEW
SUZU HIROSE　TAISEI KIDO　MASAKI OKADA

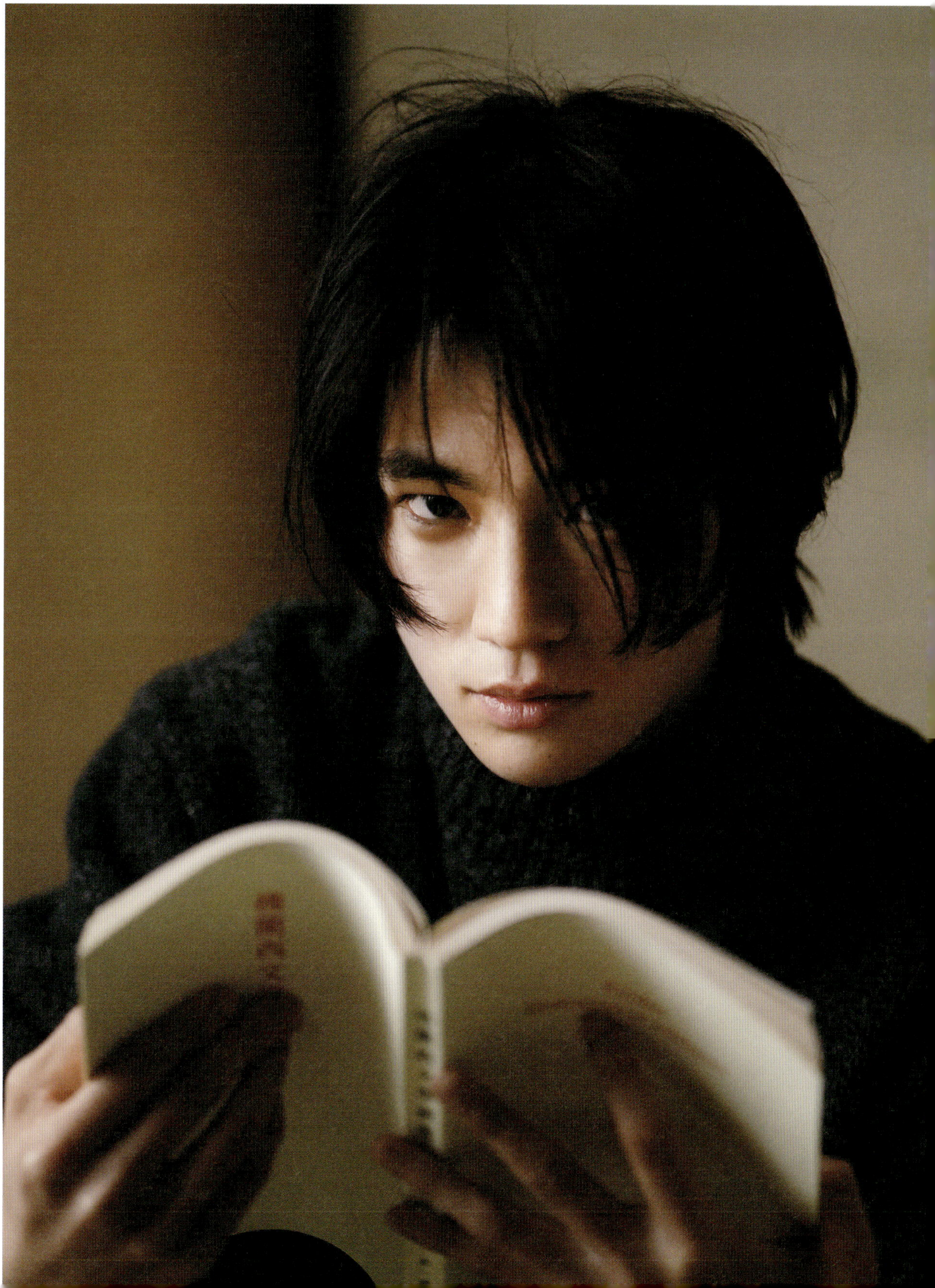

家、そして誰よりも中原中也を評価していた男の前で、あえてそれを言う。やっぱり、中也は泰子に褒めてほしかったのかなと。

「僕も一緒です。『ラブレター』と表現するとちょっと軽くなっちゃいますけど、彼女と出逢わなかったらできなかったものがある。それを彼自身わかっている。一方で、精神的に弱ってたりもして、自分の詩が本当にいいものになっているかどうかわからない。で、小林は『中原、お前天才だよ』と言うわけですけど。中也を俯瞰して見てみると、やはり泰子からの返しと言いますか、何かを求めていたと思いますね」

――普通の男女の愛とはまたそこが違うのかなって。中也はあれだけの天才なのに、どこか自信がなかったりして、小林にも「これでいいのか？」と訊く。そういう危うさがある人だった。

「だから(泰子とは)恋愛じゃないんですよね。生きるために泰子が必要。生きるというところに泰子が含まれている。彼が詩をつかまえることにも、そこは連鎖していて。いま、危ういっておっしゃいましたけど、本当に死んじゃうんじゃないか、詩をつかまえられなかったら。死んでもいいから、つかまえに行く。そういうところがある。僕は路面電車に轢かれそうになるシーン。僕はあのとき、もし、ここで死んでしまったら、何かいいものが出てくる――その先の感情に世界が進む――そこに自分が見つけられるものがあるかもしれない――そんなことを考えていました。『タバコとマントの恋』が描いているものはまさにそうですけど、現状に満足する幸福みたいなものがあると、たぶん彼はそこで止まってしまう――そういう感覚があったから、ずっと走って、ずっと求めていたのかなって」

まだ自分を確立できていないから、おもしろい部分もあります

――木戸さんも芸術家のおひとりです。演技はアートですから。役者のみなさんは演技について「答えがない。正解がないから、難しいし、おもしろい」とおっしゃいます。中也もどこか果てしなく追い求めていたのかなって。同じアーティストとしてシンパシーを覚える部分はあったりしますか。

「いま第一線で活躍されている方――広瀬さんや岡田さんはまさにそうですけど――に共通して言えることは、みなさん本当に満足していない。『まだ出逢っていない監督がいて、まだ出逢っていない役者さんがいる。その人たちとやりたい』と岡田さんは言います。僕もそうです。そういう気持ちが終わってしまうと、その人から生まれる芸術も終わっちゃうんだろうな。いまこうして話していると、(自分も中也に)似ているのかなって思いますね。求めていく――そこを楽しんでいるんでしょうね。たとえば、これまでできていたことが、違う役になったらできなくなっていた。そういうこともあったりするんですよ。いまは自分を確立できていないからおもしろい部分もあります」

――中也って、ある意味、泰子にも小林にも「見つけられてしまった」人だと思うんですよ。木戸さんが表現した中原中也には、そんな輝きを感じます。中也の魅力ってなんだと思いますか。

「動物性みたいなところ。思考ではなく、嗅覚。中也は、ライオンがシマウマに飛びかかるように、動物的本能を剥き出しにする。結局、あの時代も、そこまで出せる人がいなかったってことなのかな。出したいけど出せない人がいっぱいいた。だから、出せない人は、出せる中也を煙たがって彼から離れていく。でもそれは嫉妬ですよね。なんでそんなに動けるの？ なんでそんなに走り出すの？ という。それは小林も思ってたことかもしれない。そんな中也と対峙してくれたのが泰子だった。中也と泰子は、ライオンとトラがケンカしてるみたい。本能でぶつかってくる泰子みたいな存在が、中也にはほかにいなかった。そして、小林は、自分の本能の部分をおもしろいと買ってくれる。だから、この2人が必要だったのかもしれませんね」

[木戸 大聖] TAISEI KIDO

1996年12月10日生まれ、福岡県出身。
17年俳優デビュー。22年、Netflixオリジナルシリーズ「First Love 初恋」で佐藤健扮する主人公の若き頃を好演し、一躍注目を集める。主な出演作に、「ドラフトキング」(23)、「僕たちの校内放送」(23)、「ゆりあ先生の赤い糸」(23)、Netflixオリジナルシリーズ「忍びの家 House of Ninjas」(24)、「万博の太陽」(24)、「9ボーダー」(24)、「海のはじまり」(24)、『きみの色』(24)などがある。

INTERVIEW
SUZU HIROSE　TAISEI KIDO　MASAKI OKADA

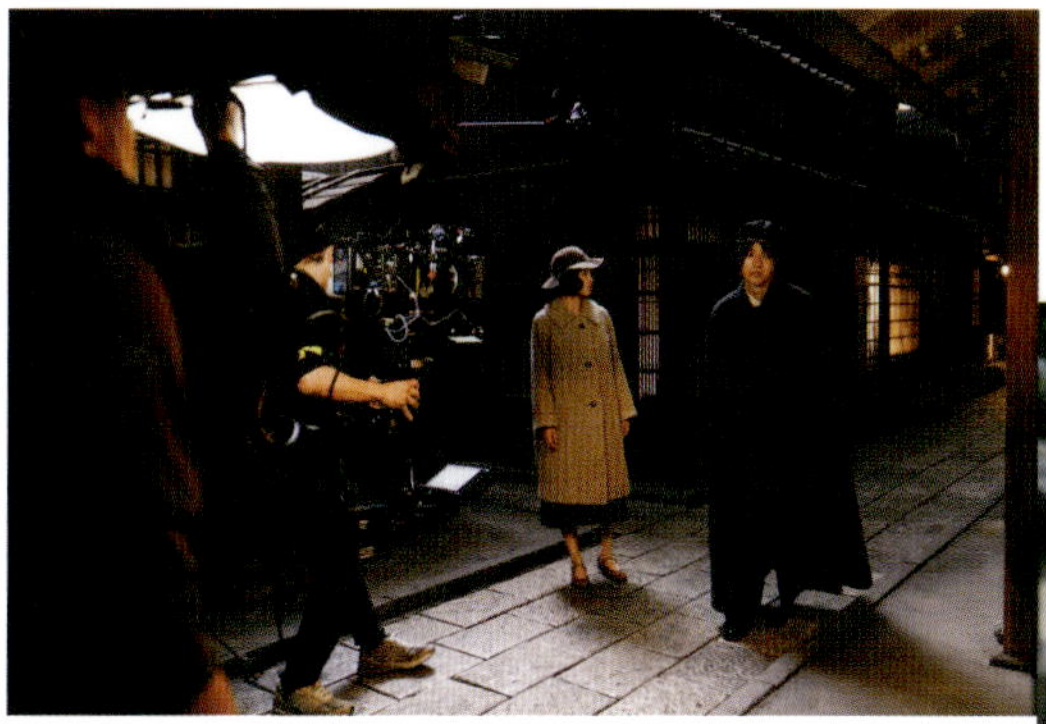

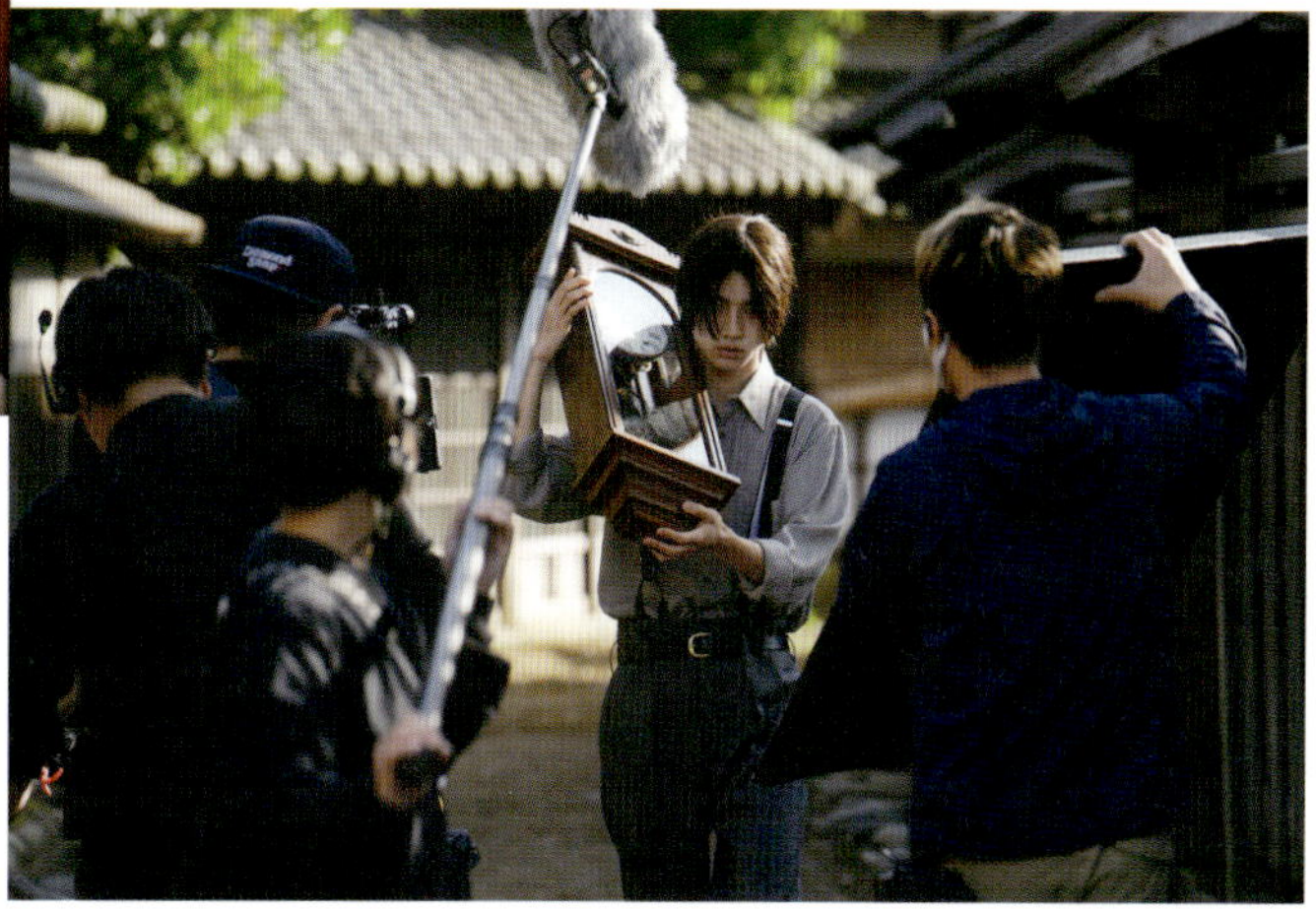

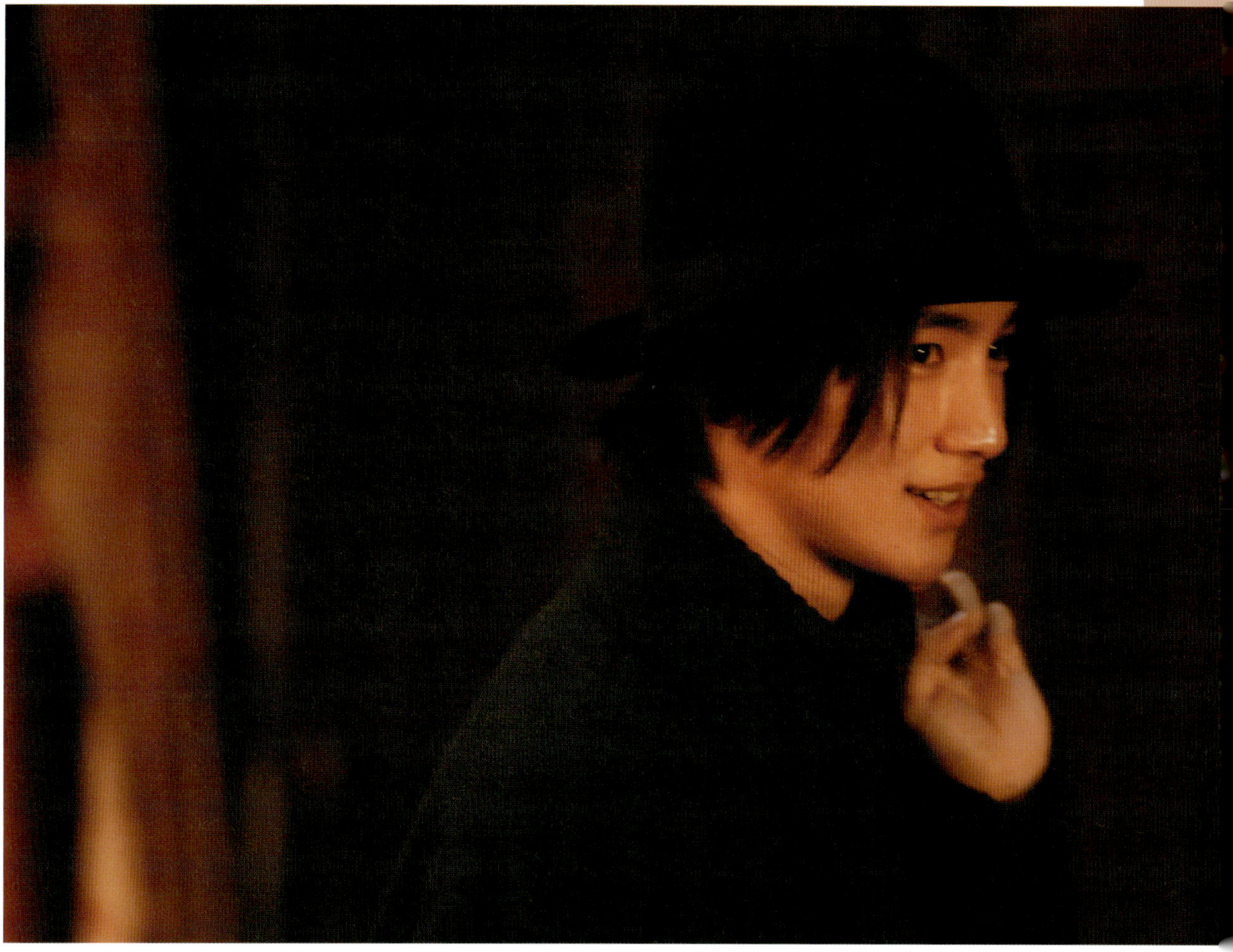

INTERVIEW

SUZU HIROSE　TAISEI KIDO　MASAKI OKADA

［小林秀雄］役

岡田将生

MASAKI OKADA

詩人・中原中也の才能に惚れ、その恋人の泰子を愛した小林秀雄。脚本を読み、小林にリンクする部分が見つかるかもしれないと感じたという岡田将生さんに、3人の関係性について伺いました。

2人を支えられる違う意味での柱になりたかった

——伝説の企画の実現。初めて脚本を読まれたときのことを教えてください。

「まず、読み物としておもしろくて。キャラクターの誰もが沈むことなく、緻密にホン(脚本)のなかで生きていることが伝わってきて。直感的に、いま自分が求めているお芝居ができるかもしれない、そう思ったんですよね。自分のなかに、なんらかの形であるけれど、まだ表現できていないものをずっと探しています。小林秀雄さんは、知的で色気もあるけれど、(自ら)2人(泰子と中也)の関係性に入っていって、三角関係になる。それが受動的なのか能動的なのか、ホンを読んでいてわからなかったんです。で、そこが自分とマッチしていた。たとえば、自分が何かを求めている。でも、それを求める代わりに、何かを失ってしまうかもしれない。そんな状況が結構好きなんです。そういう意味で小林には、どこかリンクする部分がもしかしたら見つかるかもしれない。それを感じ取れたのが大きかったですね。自分がやりたいことを、あらためて見つめ直したり考え直したりすることができた瞬間でした」

——その小林秀雄を演じるうえで大切にしていたことは?

「泰子を通して中原を見る。そこだけ忘れないようにすれば、2人の関係性を達観して見ることで、小林秀雄というキャラクターがこの映画のなかで、より一層、際立ったものになっていく。あと、僕はどこか2人(広瀬すずと木戸大聖)を支えたいなという想いもあって。2人を支えられる違う柱になりたかった。役とはまた違う意味での柱になりたかったんです」

——広瀬さんは、この3人を「運命共同体」と形容していました。

「僕からすれば、『運命共同体になろうとしている人たち』かな。小林の目線から言えば、『自ら三角関係になっている3人』という感じです。小林が中原に泰子の愚痴を言うシーンがあるのですが、あれはおもしろいなと思って。僕がまだ20代だったら、ちょっとわかんない感覚なんですよ。でも30代半ばになって、愚痴れるなと。あの感覚はおもしろいし、人間くさいし、中原と小林の関係性がよくわかる。どこか2人で先を見ている感じも含めて特別な時間になりました」

——知的なジレンマとも言うべき関係性ですが、この3人は自分たちの身に起きたことを誰も後悔していない。あのとき、ああすれば、という雰囲気が一切なく、ある種の潔さが共通している人たちですね。岡田さんは、この3人のバランス、どう見ますか。

「小林秀雄が映画に出てきてから、少し色が変わる。空気が変わるじゃないですか。グラグラした状態のなかに小林が入ること

INTERVIEW

SUZU HIROSE　TAISEI KIDO　MASAKI OKADA

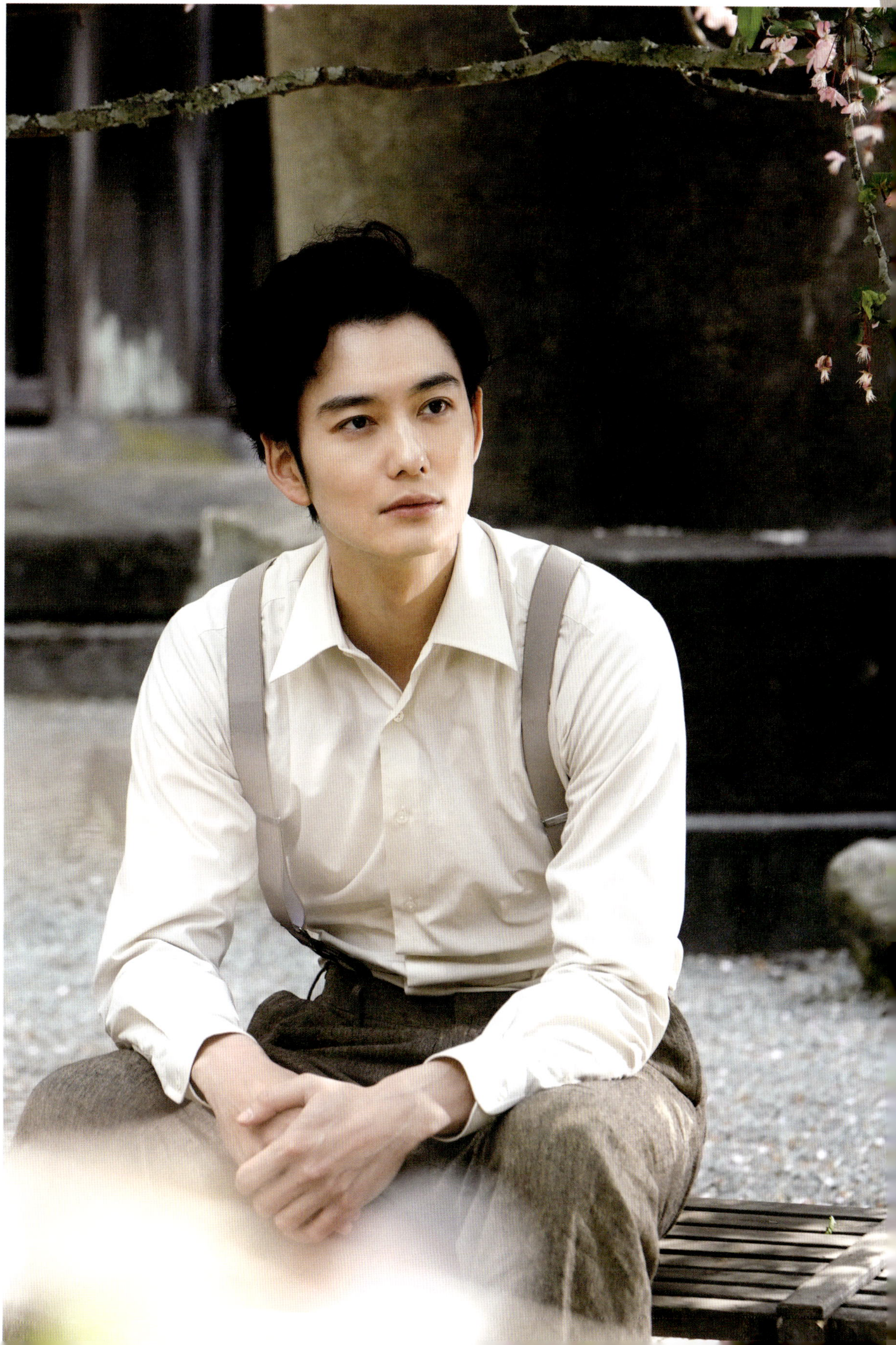

で安定するんですよね」

――ええ、謎の安定です。

「あれがこの映画のおもしろいところだと思います。泰子さんのセリフに『突っかえ棒』とありますよね。あの言葉はホンを読んでいてしっくりきていたんですが、スクリーンを見て驚いたんです。小林秀雄という人間が出てきた瞬間に、映画がスッと安定して。現場に入ったときはまだ不安も迷いもあったんですけど、3人で一回セリフを口にしたら、腑に落ちた。そうか、これが、『突っかえ棒』かと。そう考えると、広瀬さんが正しいかも。運命共同体ですね(笑)。たぶん、小林はそう捉えたくはないんだろうけど(笑)」

新しさと古さを兼ね備えた、すごく現代的な作品

――色恋が関わると、それまであったリスペクトがおざなりになることがほとんどですが、小林は中原の天才を認め続ける。ここは非常に現代的です。

「泰子さんが小林の家に初めて来たときに、中原も来て、3人で食卓を囲む。あのシーンが、この3人を物語っていますよね。普通だったら中原は来ないし、座らないし、真ん中に泰子さんもいないはずなんですけど。しかも、泰子さんは小林の隣にも来ず、(テーブルの端から)三角形を保つ。だから支え合ってるのではないかな(笑)」

――興味深いのは、小林は泰子の前でも中原への想いを正直に見せるんですよね。泰子は明らかに嫉妬しているのに、あえて見せようとする。

「そういうところもすごく現代的ですよね。そこが、このホンの色褪せない理由のひとつなのだと思います。新しさと古さを兼ね備えている」

――能動なのか受動なのかわからないという岡田さんの小林秀雄評は、そのまま役者の仕事に当てはまりませんか。キャスティングされることは受動ですが、役を生きることは能動なわけで。

「役者ってヘンな仕事ですね(笑)。でも、小林さんに惹かれた理由もたぶんそこにあって。僕はこの仕事をするうえで、どこか狭間にいられたらいいなと思っているんですよ。時代も俳優も揺れ動く、その狭間にいたい」

――まさに小林秀雄は狭間にいる人で。批評という行為が狭間にいることなのでしょうが、この映画を見ると、どうやら自分のプライベートも批評していた。それは批評家だからというより、狭間にいる感覚が好きだからなんじゃないかなって。そういう性癖の人だったのかなって。

「そうですね、性癖なんだと思います。小林さんは、生と死の狭間で生きていた人だと思うんですよ。わざと、細い道を歩いていた気がします。小林は、中原にどんな感情を持っていたと思います?」

――男同士の愛情になりそうで、そうではないですよね。

「違いますよね」

――もっと保護者的ではある。でも、兄貴とも違う。

「兄弟感もないんですよ。なんだろうな……って。純粋に中原中也という男を認めていて。彼が仕上げてきた作品に対して、心の底から『すごい』と言う。そこにまったく嘘がないんですよね。嫉妬の感情も見当たらない」

――中原も泰子も嫉妬が表に出る人です。しかし、小林は嫉妬が見えない。見せない。

「いやー、だから言葉にするのは難しい人なんですよ」

――広瀬すず、木戸大聖、岡田将生。この3人で本当に良かったと思います。

「広瀬さんにとって泰子はチャレンジングな役だったと思います。彼女とは別作品で共演したことがありますが、現場には全然違う広瀬すずがいました。そこに食らいつこうとして、新たな一面を探し続ける木戸大聖がいて。僕は僕で、やってそうで意外にやっていなかった役で。3人とも、それぞれ何かを求めてこの映画の現場に来ていた。そのバランスがすごくよかった。自分たちを高め合うために集まっている3人が、役にリンクしていた。各々が自分の役にとにかく集中して、根岸吉太郎監督という巨匠と対峙していた。この3人でそろってちょうどあの時期に集まることができた。本当によかったと思います」

[岡田 将生] MASAKI OKADA

1989年8月15日生まれ、東京都出身。
2006年デビュー。近年の主な出演作に、NHK連続テレビ小説「なつぞら」(19)、『ドライブ・マイ・カー』(21)、「大豆田とわ子と三人の元夫」(21)、『1秒先の彼』(23)、『ゆとりですがなにか インターナショナル』(23)、『ラストマイル』(24)、NHK連続テレビ小説「虎に翼」(24)、「ザ・トラベルナース」(24)、『アングリースクワッド　公務員と7人の詐欺師』(24)などがある。

INTERVIEW
SUZU HIROSE TAISEI KIDO MASAKI OKADA

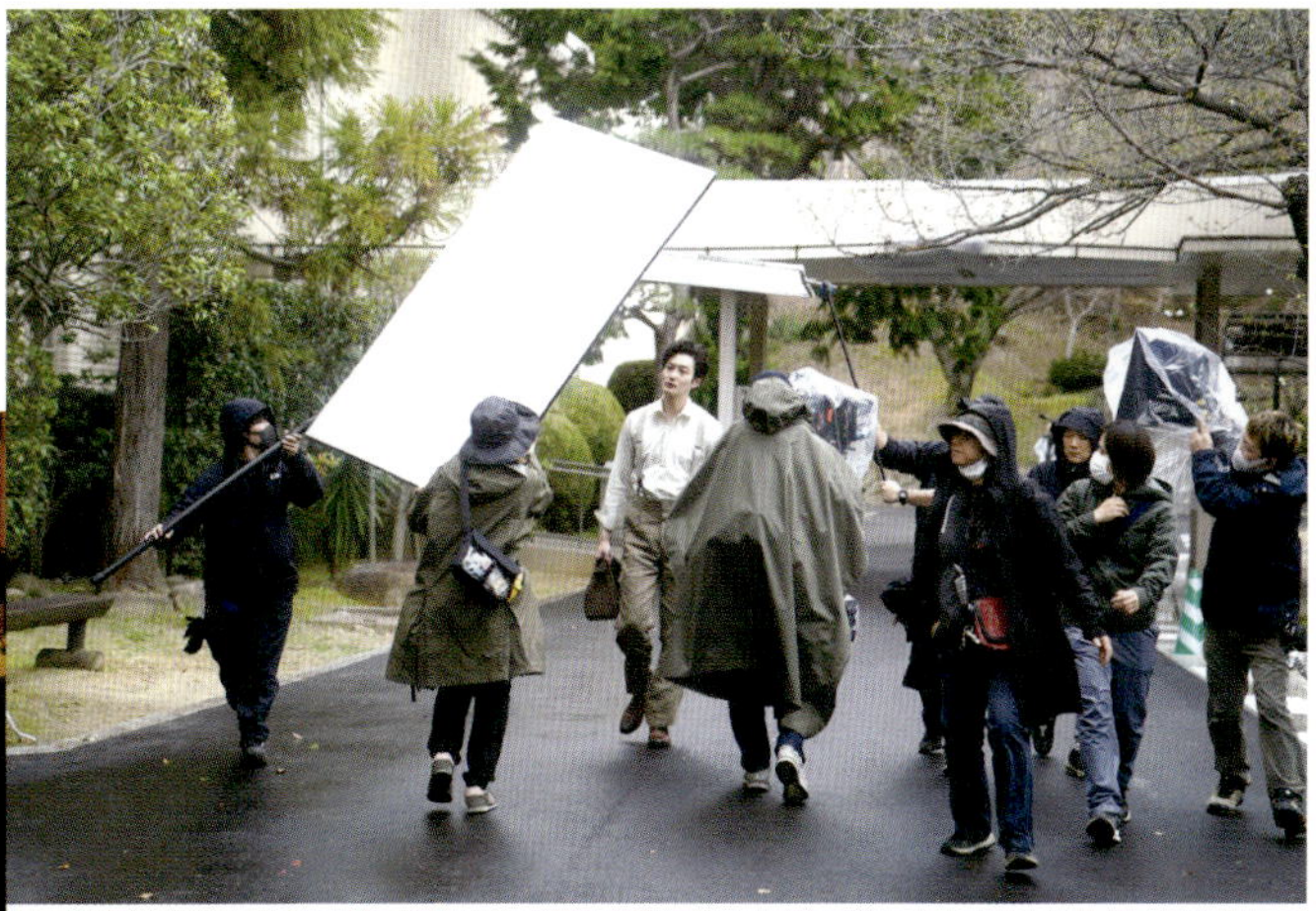

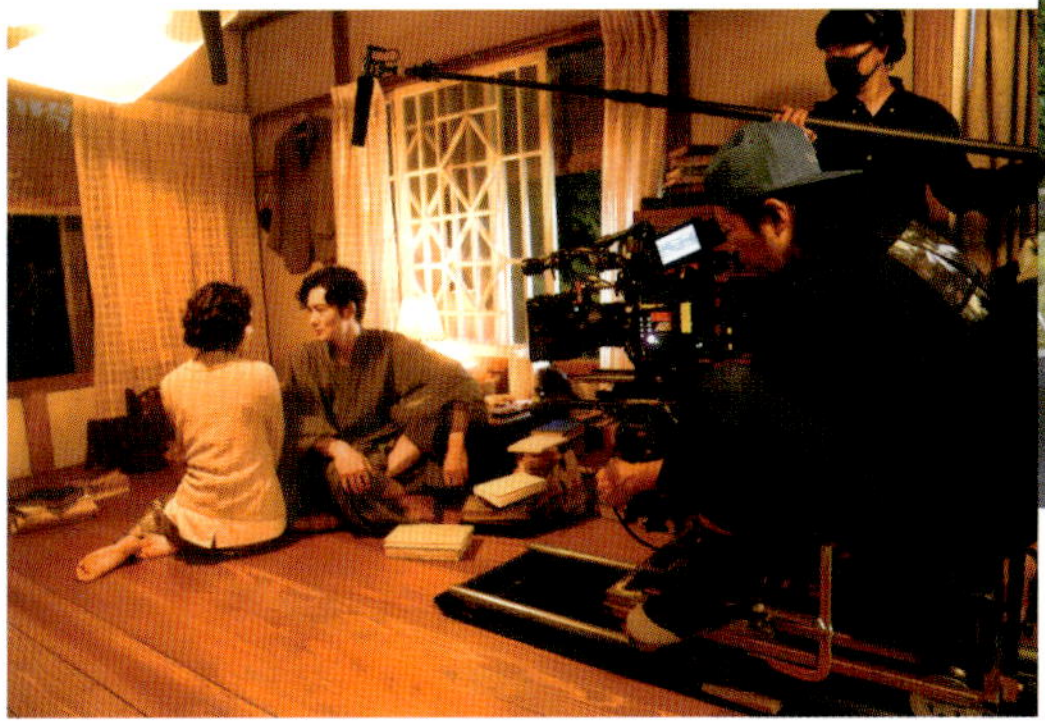

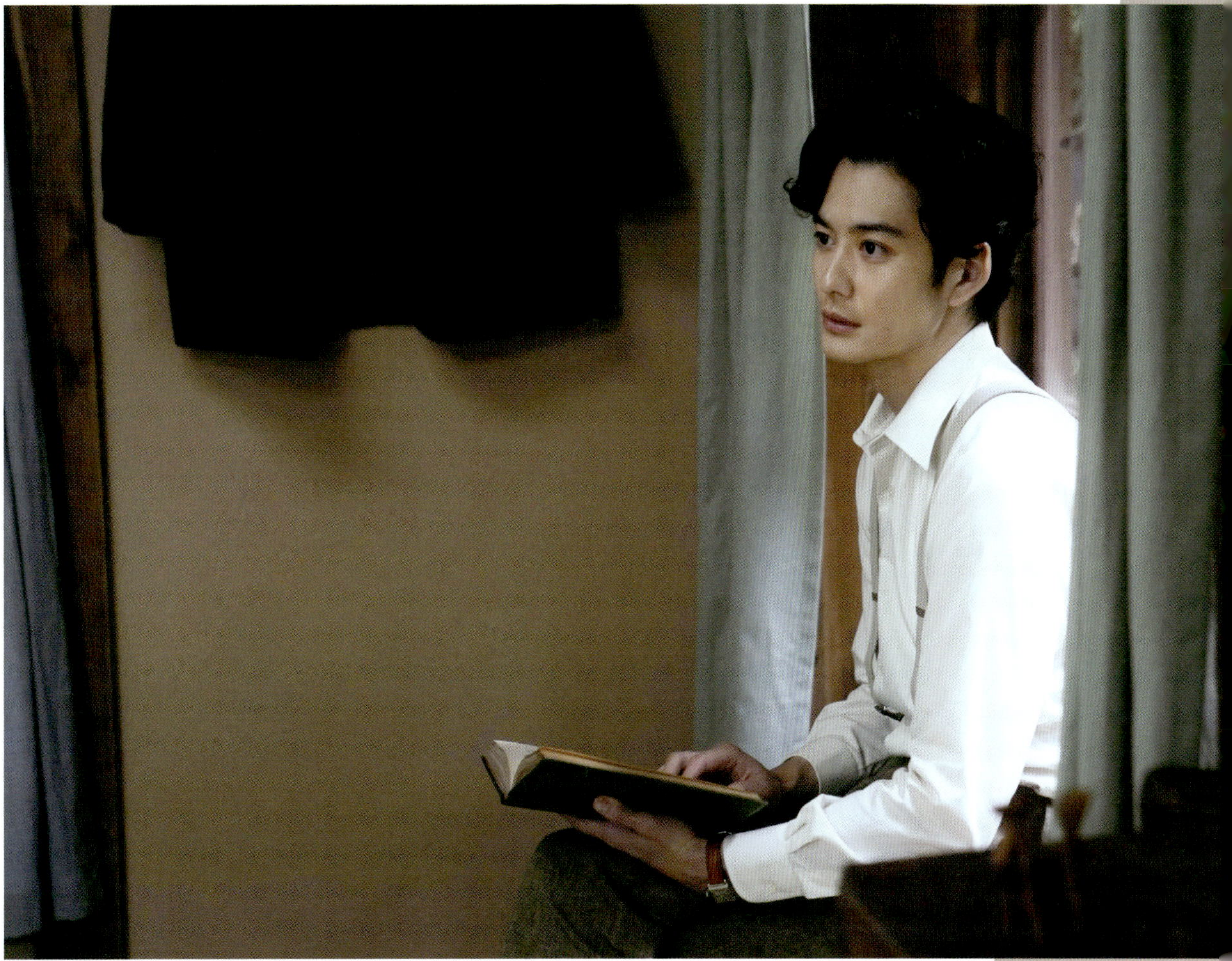

INTERVIEW STAFF

監督
根岸吉太郎
KICHITARO NEGISHI

数々の映画賞を獲得してきた巨匠・根岸吉太郎監督の、
16年ぶりの長編映画となる本作。
キャストへの想い、そして「自身が撮りたい映画」とは？

——根岸監督にしか撮れない映画であり、また根岸監督も新しい映画に向かわれた印象があります。

「撮影が今までフィルムだったけど今回デジタルなので、色々な工夫を試しました。特に色彩や照明についてはスタッフと共に協議して、時代色が出せたのではないかと思います。ただ編集は非常にオーソドックスにつないでいるんだけど、それがよかったのかどうかわかりません。監督は、映画が封切られて皆さんに観てもらって初めて気持ちに区切りがつきます。だから現在、この映画のシーン一つ一つについて、他に方法がなかったかついつい考えてしまいます」

——オーソドックスに編集されたのは、撮影がほぼ順撮りだったからではないですか。物語の順番通りに撮影される映画はほとんどあり得ませんが、本作はそうでした。

「俳優にとっても(この映画は)順撮りじゃないと、たぶん難しい。そこを(撮影スケジュールを組む)助監督が汲んでくれた。優秀な制作スタッフだから」

——キャストにとってもスタッフにとっても、順撮りは大きな力になったのではないでしょうか。

「やはりファーストシーンがものすごく難しいんだよね」

——一番難しい場面から撮影が始まりました。

「勝負はあそこだと。お互い難しい。撮影初日でキャストもスタッフも手探り状態じゃないですか。そこを乗り越えることができた。かなり長いクレーンカットで芝居を撮っている。(みんな)やってやろうじゃないか。そういう気持ちになったかもしれないね」

——観客も本気になる冒頭です。

「考えてみれば、映画って、最初の数分で、どう観るか、どういう映画なのかは、わかるものだよね。(観客は)気に入らないかもしれないけど、ヘンテコかもしれないけど、こうなんだからこう観てほしいと。どの監督もそうしていると思います。『それが詩です』と言い切る(中原)中也というキャラクターの輝きが示され、それを受け止める泰子の存在がある」

広瀬すずは、世界に通用する女優

——数々の映画女優を撮ってきた根岸吉太郎が広瀬すずをどう撮るか。まずはここが大きなポイントでした。監督にとって、どのような女優でしたか。

「すごいよ。きちんとホン(脚本)を読み込んで、しっかり表現できる力を持っている。稀有な女優だと思う。感性と運動神経、両方を備えている。トップクラスの、世界に通用する女優だと思います。バスケット(ボール)やってたんだよね。『海街ｄｉａｒｙ』でサッカーやってたでしょ。あのシーンを見て、すごいなと。普通の子にはできないなと、強く印象に残っています」

——岡田将生さんもすばらしいですね。彼が小林秀雄であるということが大きい。

「岡田さんはこの役を絶対やりたいと言ってくれた。岡田さんは年々よくなっていると思います。深みっていうのかな。今回はちょうどいいタイミングで小林をやってくれた。すずさんも、岡田さんにしてもさ、挑戦しようという気があるんだよね。新しい役柄をやってみたい。もちろん(木戸)大聖さんもそうだけど、挑戦する気持ちが、この3人にはしっかりと表れている。だから、いい形でぶつかり合っていたな」

FILM DIRECTOR

――木戸大聖さんの中原中也は、新しい中也像でした。これまで映画やドラマで描かれてきたものとは違うものが生まれたと思います。

「若くして亡くなったことや代表的な詩が感傷的な印象があるからだろうけど、中也は、本当は幅の広い詩人だと思うんだよね。さわやかさ、それこそローラースケートで滑っていくような気持ちのいい部分もあったんだろうなって。そういう部分も今回は描きたかった。中也に限らず、詩や詩人はいまひとつ評価されにくい。すごく大事なのに。中也の詩は音楽的なので、音楽を作っている人たちにも影響していると思う。松本隆さんなんかの詞は、すごく中也的だなあと思う。とくに、はっぴいえんどの曲とかは」

――ラストシーンは本当に素敵です。これが泰子の物語であり、広瀬すずの映画であることを痛感するんです。

「(この映画は)すずのアップで始まって、すずが歩いていく後ろ姿で終わるということなんです」

――まさに『ゆきてかへらぬ』。田中陽造さんがシナリオを書いてから、かなり時間が経ってようやく実現しましたね。

「なかなか稀有なことだと思う。脚本家と監督の出逢いっていろいろな形であるけど、(今回は)まさに出逢いなんですよ。必然のようであり、同時に、奇蹟のようでもある。両方感じる。ものすごく幸福だったと思う。そのラッキーなものを、本当に自分は活かせたんだと」

「自分が観たい映画」からズレないように映画を撮りたい

――出逢うべくして出逢ったとも、よくぞ出逢ったとも言えますね。ご自分のどのような部分が映画監督に向いていると思われますか。

「監督という仕事に向いてるかどうかはわからないけど、好きじゃないものではやらない。好きじゃないものは観せない。映画を信じるっていうかさ、自分が観たい映画というものを信じてる。そこからズレないように映画を撮りたい気持ちがいつも持続している。それが生き残れている理由のひとつだし、それがこんなに長く空いちゃった(長編監督作は16年ぶり)理由のひとつかもしれないね(笑)」

――『ゆきてかへらぬ』には監督が信じているものが映っています。ありがとうございました。

[根岸 吉太郎] KICHITARO NEGISHI

1950年8月24日生まれ、東京都出身。早稲田大学第一文学部演劇学科修了後、日活に入社。78年『オリオンの殺意より 情事の方程式』で初監督。81年『遠雷』でブルーリボン賞監督賞、芸術選奨新人賞を受賞し、05年『雪に願うこと』で芸術選奨文部科学大臣賞、第18回東京国際映画祭の4部門受賞をはじめ、多くの映画賞を獲得する。09年『ヴィヨンの妻 ～桜桃とタンポポ～』では、モントリオール世界映画祭で最優秀監督賞を受賞。10年には紫綬褒章を受章。主な監督作品に『狂った果実』(81)、『探偵物語』(83)、『ひとひらの雪』(85)、『ウホッホ探検隊』(86)、『永遠の1/2』(87)、『絆-きずな-』(98)、『透光の樹』(04)、『サイドカーに犬』(07)などがある。

【相関図《そうかんず》】

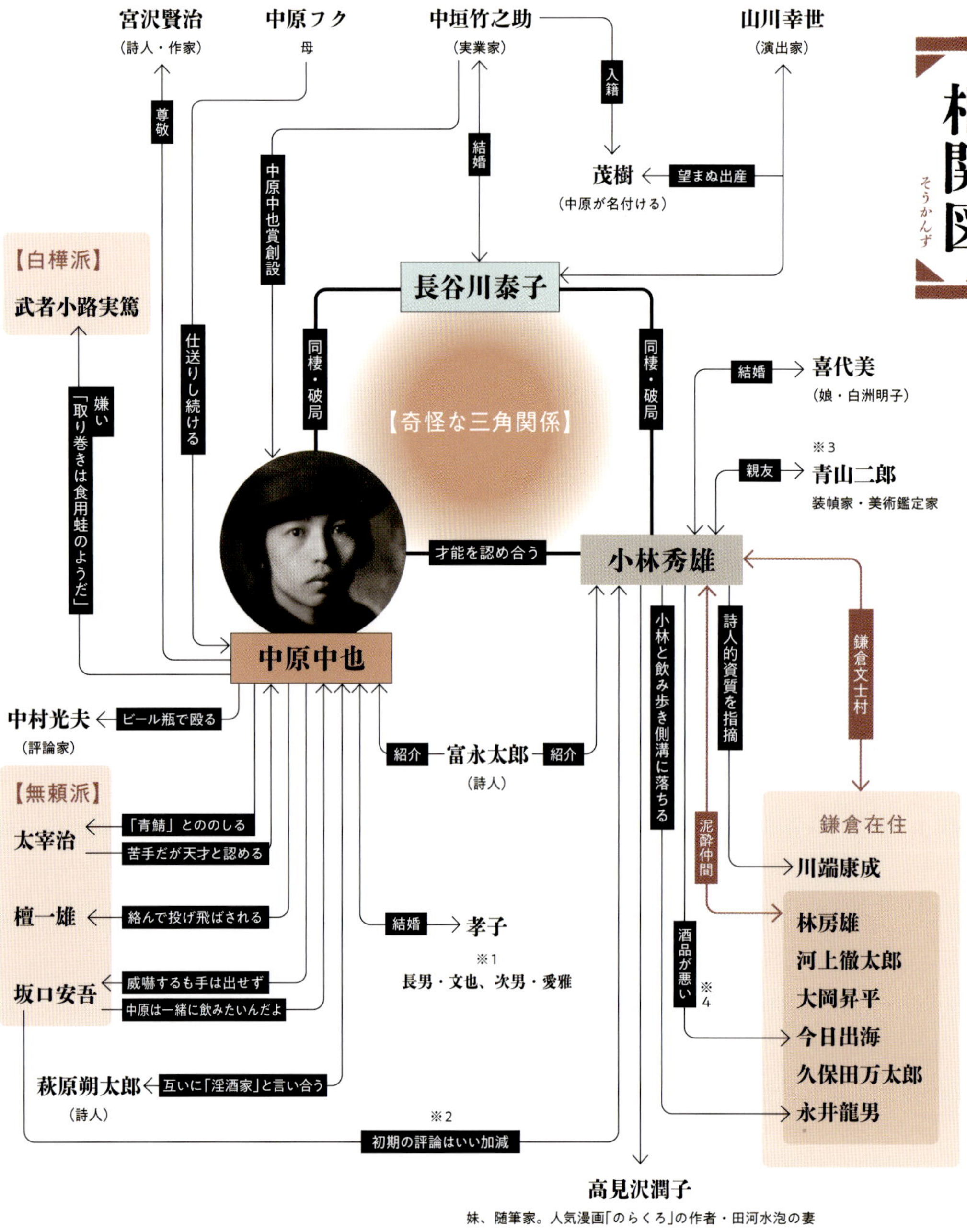

True story of Chūya Nakahara

映画『ゆきてかへらぬ』のモデルとなった長谷川泰子、そして中原中也、小林秀雄。ここでは中原をとりまく人々の相関図や彼らの生涯についてお届けします。

●実在の人物たち

【脚注】

※1　文也は2歳、愛雅は1歳で死亡。

※2　「完璧な人間」と思い込んでいた小林秀雄が、泥酔して東京・水道橋駅のホームから一升瓶を抱えて線路に転落したことで、あらためて評論を読んでみたら若い頃はいい加減なものも多い、と小林も「人間」だったことに納得。（「教祖の文学―小林秀雄論―」）

※3　青山の自宅には小林秀雄、中原中也、河上徹太郎、永井龍男、大岡昇平といった文人たちが集い「青山学院」と呼ばれた。泰子も世話になる。

※4　大岡昇平によると、10代から酒を飲んでいた小林が「30代、40代から飲み始めた酒飲みはだらしねえ」と語ったという。その代表格が今日出海とか。

詩人：中原《なかはら》中也《ちゅうや》

中原中也は明治40(1907)年4月29日、父・謙助、母・フクの長男として山口県吉敷郡山口町(現在の山口市)に生まれる。実家[※1]は医院を営み裕福だった。軍医だった父の転任により旅順・柳樹屯・広島・金沢に転居するが、7歳で山口に戻る。8歳のときに弟・亜郎が亡くなったことをきっかけに初めて詩を書いたという。

旧制山口中学校入学時(13歳)から読書に耽るようになり、学業がおろそかになった。地元の短歌会に参加し、15歳のときに短歌仲間と合同歌集を刊行。この頃から飲酒や喫煙を覚える。3年次には成績不良で落第。京都の立命館中学に編入し下宿生活を始めた。

高橋新吉[※2]の影響を受けてダダイズムの詩を書いていた頃、表現座[※3]の団員だった長谷川泰子と出会い、翌年には同棲を始めた。当時中原は17歳、泰子は3歳年上の20歳だった。同年、富永太郎[※4]と出会い、ランボーをはじめとするフランス象徴詩を知った。

大正14(1925)年、泰子とともに大学予科受験のため上京した中原は、富永の紹介で小林秀雄と出会い、意気投合する。しかし、小林と泰子が恋愛関係に落ち、同年11月、泰子は中原のもとを去り小林と同棲を始める。

大正15年、日本大学予科文科に入学した中原だったが、9月には退学。実家には知らせなかったという。フランス語には熱心に取り組み、その後、語学学校アテネ・フランセや東京外国語学校専修科で学んだ。

泰子が小林と暮らしはじめた後、中原と小林はしばらく疎遠になったようだが、お互いの才能を認め合っていた。中原は大正15年に書いた詩「朝の歌」を小林に見せ、昭和2(1927)年には小林に「君に会ひたい」と結ぶ手紙を送るなど、小林に対する微妙な感情がうかがえる。

昭和3年に小林が泰子のもとを去る。泰子は中原のもとには戻らなかったが、それでも中原は何かと泰子の面倒を見ていた。2人は激しくぶつかりあうこともあったが、取っ組み合いのけんかでは概ね泰子が中原を組み敷いて終わったという。

中原は泰子ばかりでなく酔って酒席で隣り合った人間にまで口論やけんかをしかけた。太宰治[※5]に「何だ、おめえは。青鯖が空に浮かんだような顔をしやがって」と絡んだことなどがよく知られている。

この「酒癖」を嫌いながらも、友人たちは中原の才能が尋常ではないことを理解していた。

昭和8年、中原は親戚筋の上野孝子と見合い結婚をし、翌年、長男・文也が誕生。そしてこの年、長年の夢だった第一詩集『山羊の歌』が刊行され、高評価を得る。また、小林が「文學界」の編集責任者となって発表の場を得たことなどで、中原は多くの詩や評論、フランス文学の翻訳などを様々な文芸誌に発表していく。

しかし、それは長くは続かなかった。

昭和11年11月に2歳の文也が結核で急逝。その衝撃で心身を病み、翌年、千葉市にあった療養所に入院する。退院後は鎌倉に移り、3冊目の翻訳詩集『ランボオ詩集』を刊行し、第二詩集『在りし日の歌』の原稿を清書して小林に預け、故郷山口に転居しようとしていたが、結核性脳膜炎を発病し、10月22日に30年の短い生涯を終える。

生前、中原を苦手にしていた太宰治は、のちに「死んでみると、やっぱり中原だ、ねえ。段違いだ」と檀一雄[※6]に語り、中原の才能を惜しんだという。

【脚注】

※1　実家：謙助が軍医を辞めて中原医院を継ぎ、一家は山口に定住。立命館中学編入以後の中原の帰省先となった。
中原は生涯就職せず、フクは仕送りで中原の生活を支え続けた。

※2　高橋新吉(1901-1987)：詩人。代表作に詩集『ダダイスト新吉の詩』、小説『ダダ』、『参禅随筆』など。

※3　表現座：劇作家の成瀬無極が主宰した新劇の劇団。

※4　富永太郎(1901-1925)：詩人・画家。代表作に散文詩「秋の悲歎」「鳥獣剥製所」など。

※5　太宰治(1909-1948)：小説家。代表作に『人間失格』『斜陽』『女生徒』など。

※6　檀一雄(1912-1976)：小説家。代表作に『リツ子 その愛』『リツ子 その死』『火宅の人』など。太宰の言葉は檀の著書『小説 太宰治』より。

協力：中原豊（中原中也記念館）　画像提供：中原中也記念館

【女優：長谷川泰子《はせがわやすこ》】

明治[※1]37（１９０４）年5月13日、広島市中島本町に生を受けた長谷川泰子が広島女学校付属の小学校に通っていた当時、同時期に広島に越した中原中也も同じ付属の幼稚園に通っていた。隣同士の建物だったが、面識はなかったという。

2人の出会いは大正12（１９２３）年、泰子が所属していた京都の表現座という劇団の稽古場だった。

大正13年、表現座がつぶれ、マキノ・プロに移籍した泰子に、（お金がないなら）僕の部屋に来ていいよ、と中原が誘い、同棲が始まるが、上京した翌年11月、小林秀雄の出現によって終わってしまう。

泰子は中原との仲についてこう語っている。

[※2]「もともと好きでたまらなくて、中原と一緒に住んでいたんじゃありません。置いてやるからというから、私はなんとなく同居人として住まわしてもらっていたんだから、中原と別れていくときも身につまされるものはありませんでした」

しかし、本当に好きで一緒になった小林との同棲だが、泰子の精神衰弱による「潔癖症」が高じ、小林を言葉で執拗に攻める日が続くようになり、小林は消耗の果て出奔してしまう。昭和３（１９２８）年5月のことである。

中原・小林との「奇怪な三角関係」が終わると、泰子は松竹キネマ蒲田撮影所に入社。陸《くが》礼子の芸名で映画出演している。

翌年には中原、河上徹太郎[※3]、大岡昇平[※4]、富永次郎[※5]らの同人誌「白痴群」に詩[※6]を発表した。

河上、大岡は泰子の潔癖症の「見守り人」だったとも。ただ、小林と別れたのちは、潔癖症に悩むことは少なくなったという。

そして昭和5年、演出家・山川幸世[※7]の子を身籠る。

「男として意識していなかった」飲み友達の山川が「終電をのがした」とのことで、家に入れてしまったところを「襲われた」という。望まぬ妊娠だったが泰子は男児・茂樹を出産。名付け親は中原だった。

昭和6年には時事新報社主催の「グレタ・ガルボに似た女性」に応募して一等当選。日活で主演映画を撮るはずだったが、撮影所がある京都に行くのが気が重く、「なんとはなしにやめた」ために、映画は立ち消えになってしまう。

その後、酒場勤めをするうち、3歳年下で石炭問屋社長の中垣竹之助と出会い、昭和11年に結婚する。

中垣は手広く商売をしており、泰子は社長夫人として優雅な暮らしを手に入れた。

しかし、昭和20年の終戦により、中垣の会社は没収され、貧困生活が始まる。

この時期、泰子は信仰心が芽生え、世界救世教に入信。信仰を深めながら、晩年はビルの管理人として働いた。

ビルの管理人時代、中原の弟・思郎が訪れ「落ちるところまで落ちたね」と言われたとき、泰子は[※8]「とんでもない。私はいままで本当に働いたことなかったけど、働きながら自分一人で生きていけるようになりました。それがとってもすばらしいことのような気がするんです」と答えたという。

平成5（１９９３）年、湯河原の老人ホームにて死去。88歳だった。

【脚注】

※1　父・慶次郎、母・イシのひとり娘。

※2・8　『中原中也との愛 ゆきてかへらぬ』長谷川泰子・著／村上護・編より引用。

※3　河上徹太郎（1902-1980）：文芸評論家・音楽評論家。

※4　大岡昇平（1909-1988）：小説家、評論家。代表作に『レイテ戦記』『武蔵野夫人』など。

※5　富永次郎（1909-1969）：富永太郎の弟。美術評論家。

※6　「白痴群」第3号に小林佐規子の名（小林秀雄の母が命名）で詩3篇、第4号に散文詩「秋の野菜スープ」を発表。中原の評価は高かった。

※7　山川幸世（1904-1974）：演出家。「舞台芸術学院」設立に関わり、俳優養成に尽力した。

Hideo Kobayashi

文芸評論家：小林《こばやし》秀雄《ひでお》

昭和の「知の巨人」と称せられた小林秀雄は、明治35[※1]（1902）年4月11日、東京市神田区（現・東京都千代田区）猿楽町に生まれる。

東京府立第一中学校では河上徹太郎、富永太郎などが一期上にいた。

大正14（1925）年、東京帝国大学文学部仏蘭西文学科に入学した4月、富永を通じて中原中也と出会い、同年11月、中原の同棲相手・長谷川泰子を奪い、同棲を始めた。

小林はこの三角関係について、こう書いている。

◆

[※2]「大学時代、初めて中原と会った当時、私は何もかも予感していた様な気がしてならぬ。（略）中原と会って間もなく、私は彼の情人に惚れ、三人の協力の下に（人間は憎み合う事によっても協力する）、奇怪な三角関係が出来上がり、やがて彼女と私は同棲した。この忌わしい出来事が、私と中原との間を目茶目茶にした。言うまでもなく、中原に関する思い出は、この処を中心としなければならないのだが、悔恨の穴は、あんまり深くて暗いので、私は告白という才能も思い出という創作も信ずる気にはなれない。驚くほど筆まめだった中原も、この出来事に関しては何も書き遺していない。ただ死後、雑然たるノオトや原稿の中に、私は、『口惜しい男』という数枚の断片を見つけただけであった」

◆

泰子との同棲を解消した翌年の昭和4年（1929）、総合雑誌「改造」の懸賞[※3]創作に応募した「様々なる意匠」が文芸評論2等に当選し、9月号に掲載され文壇デビューを果たした。

その後は評論家として着実に評価を上げ、昭和8年には文化公論社より林房雄[※4]、川端康成[※5]らと「文學界」を創刊。昭和10年1月から編集責任者として、中原の詩などを積極的に掲載した。中原の死後の昭和13年10号には代表作のひとつ「タバコとマントの恋」が掲載されている。

[※6]昭和12年の晩春、中原が小林の住む鎌倉に転居すると「ほとんど絶交状態」にあった小林のもとに突然現れたという。

二人は石に腰かけ花が散るのをながめ、神社の茶店でビールを飲んだ。愛児を失った中原は既に精神と肉体も憔悴していた。中原は山盛りの海苔巻きを2皿平らげ、さらに家でまた食べると語った。食欲に異常をきたしていたと、小林は書いている。

同年10月に中原は病死し、奇怪な三角関係は幕を閉じた。

小林はその後も旺盛な文学活動を展開し、日本の知の頂点に立つ。

一方、日常生活では中原同様、酒癖は悪く、創元社で編集者として小林のもとにいた隆慶一郎[※6]によると、酔うと周囲の人に絡み始め、相手が泣き出すか怒り出すまでやめなかった。日本語の通じないアメリカ兵まで泣かせたという伝説まであったという。

また、夜中の2時に酔って鎌倉駅そばの民家を待合と勘違いして上がり込み、住人に酒を持ってこさせ、まずい酒だの散々悪態をついているうちに、相手が一般人だと知り平身低頭。翌日謝りに行こうとしたが、場所の記憶がなく行きつけなかった、というエピソードも残している。

小林は昭和58年3月1日、腎不全による尿毒症と呼吸循環不全のため死去。80歳だった。

【脚注】

※1　父・豊造、母・精子の長男。父はダイヤモンド加工研磨技術を学び「蓄音機のルビー針」などの開発をした。

※2・6　「中原中也の思い出」より（『考えるヒント4』所収）。

※3　1等当選はのちの日本共産党書記長の宮本顕治（1908-2007）の「『敗北』の文学」。

※4　林房雄（1903-1975）：小説家、文芸評論家。代表作に『青年』『西郷隆盛』など。

※5　川端康成（1899-1972）：小説家、文芸評論家。1968年に日本人初のノーベル文学賞を受賞。代表作に『雪国』『伊豆の踊子』など。

※7　隆慶一郎（1923-1989）：脚本家、小説家。大学在学中に師事していた小林が参画した創元社に入社。代表作に『吉原御免状』『影武者徳川家康』など。

※主な参考文献：『中原中也』大岡昇平（講談社文芸文庫）、『新潮日本文学アルバム　中原中也』（新潮社）
『中原中也との愛　ゆきてかへらぬ』長谷川泰子・著/村上護・編（角川ソフィア文庫）、『考えるヒント4』小林秀雄（文藝春秋）
『時代小説の愉しみ』隆慶一郎（講談社文庫）、『小説　太宰治』檀一雄（小学館）、『文豪たちのヤバい手紙』（宝島社）　他

Behind the scenes

映画メイキング写真

大正～昭和初期の時代の雰囲気を見事に再現した、映画『ゆきてかへらぬ』の数々のシーン。ここではそのメイキングの様子をお届けします。

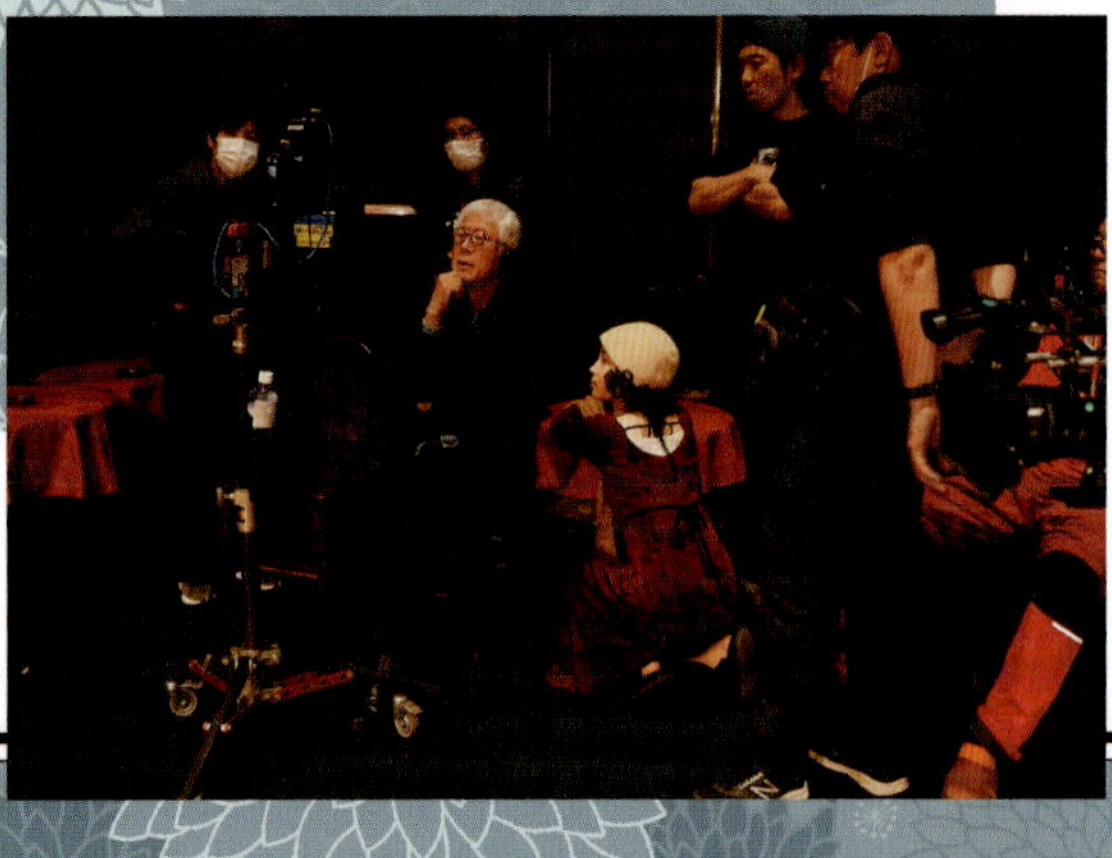

Behind the scenes

●映画メイキング写真

CREDIT

ゆきてかへらぬ

スタントコーディネーター　吉田浩之
スタントコーディネーター補　後藤　健
ユーティリティスタント　高嶋宏一郎　小澤雄喜
マリン統括ディレクター　中村　勝
マリンスタッフ　大嶋良教　白濱志乃　ウサ
佐藤翔平
水中ブリンプオペレーター　五島三徳
劇用船運搬ドライバー　矢須親二
フードコーディネーター　ぬまたあづみ
フードアシスタント　吉田さおり

ダンス振付指導　二ツ森　司
ダンス協力　日本ボールルームダンス連盟東部プロ選手会
中山寧々　相田和也　川上舞子
古井竜平　植木位歩　山元健二郎
熊井郁美　梅田慎太郎　三木洸樹
三木すみれ
ローラースケート指導　小泉　博（Tokyo Bombers）
ローラースケート指導助手　末永健人
活動写真弁士　片岡一郎
楽団　湯浅ジョウイチ　鈴木真紀子　木ノ下亮子
石川理史　林　直樹
バイオリン指導　坂口昴平
フランス語指導　松井　久
歌唱指導　中澤好江
花札指導　伊藤拓馬
裁縫指導　おさだみゆき
編物協力　角　文音
方言指導（和歌山弁）　あきやまりこ
方言指導（広島弁）　住岡正明　桒原由貴
取材協力　公益社団法人日本けん玉協会
東映スタジオ営業　高瀬真治　谷口直弥

制作進行　柿原美和子
車輌　吉永正博　馬橋　洋　小玉隆雄
石川隆啓　佐々木忠広　谷村一郎
岩本秀樹　岡野伊久雄　渡邊　天
吉田健一郎　富塚光彌　井上和亮
中尾　守　五味猛彦　木村裕太
三好智紀　海江田勝晃　越智誠志
船木和也　信嶋　剛　福田英生
配車デスク　勝田　誠　星　和寿　木戸啓雄
三好　葉　田村洋一郎
照明機材担当　吉田廣宣　徳弘　崇
演技事務　今村真乃美
アソシエイトプロデューサー　櫻木直人
プロダクションアシスタント　三宅夏乃子
制作経理　金井幸子　豊村祥子
制作デスク　中田紗織

制作応援　奥　泰典　大川裕紀　姜　勇気
伊東祐之　蓑輪周平
監督助手応援　山口和真　佐佐木基入
照明応援　新井和成　劉　波
特機応援　大塚伸一　奥田　悟　上野隆治
菊池永純　杉　大輔　スワンナソーン メーティー
福島　晨　稲葉凪沙　古尾谷　岳
滋賀県ロケクレーン応援　友久哲也　松尾哲也　高見彩莉亜
録音応援　良井真一　三木雄次郎　道吉加奈
美術応援　石﨑葉月　田口千晴　松本真太郎
装飾応援　山田好男　松塚隆史　中澤正英
須坂文昭　牧野　誠　大矢　誠
陳内恒河　西岡萌子　田村菜摘美
小道具応援　岡本真実
衣裳応援　志賀美千代　浅子里咲
結髪応援　林田まゆみ　石川享一

題字　赤松陽構造
タイトル制作　川口和子
編集助手　光岡　紋
画コンテ　西澤安施
音楽編集　佐藤　啓　佐久間みなみ
Foley artist　勝亦さくら　長谷川　剛

Color by TOEI DIGITAL LAB co., ltd.
ラボコーディネート　泉　有紀
DIカラリスト　檜山めぐみ
DIアシスタント　阿部　理　吉田一真
DCPマスタリング　馬場　亮　尾方久美
GRADED ON Baselight

製作総指揮　木下直哉

製作・企画　山田美千代

製作　小佐野　保

プロデューサー　武部由実子
谷川由希子
佐藤　満

脚本　田中陽造

音楽　岩代太郎
音楽プロデューサー　佐々木次彦

撮影　儀間眞悟
照明　長田達也
美術デザイナー　原田満生
寒河江陽子
美術プロデューサー　堀明元紀
録音　石寺健一
編集　川島章正
助監督　髙橋正弥
スクリプター　森　直子
ヘア&メイクディレクター　松浦美穂
衣裳デザイナー　大塚　満
スタイリスト　伊賀大介
装飾　徳田あゆみ
衣裳　張替由起子
江口　梢
ヘア　山本理恵子
成澤雪江
メイク　中村了太
瀬戸山佳那
ヘアメイク　宮内三千代
中山有紀
VFXスーパーバイザー　オダイッセイ
音響効果　赤澤勇二
キャスティング　杉山麻衣
制作担当　田中盛広
古野修作

監督助手　髙野佳子　林　優花
撮影助手　松山潤之介　猪本太久磨　張　蘇銘
DIT　前嶋一城
特機　後藤泰親
照明助手　松田直子　尾松聖志　北村憲介
作内　拓　田中李奈　村上聡絵
録音助手　横山つかさ　植原美月
美術助手　税田武秀　高草聡太　吉田奏江
組付大道具　髙木智之
大道具　松井浩二
塗装　百瀬達夫　増田剛士
造園　白井　誠　鈴木裕太　春日井正人
装飾助手　遠藤　剛　佐野令奈
小道具　多田和江
結髪　古谷久美子
ウィッグ　井上靖二
スタイリスト助手　山本美希　熊谷栞萌菜　瀧上かれん
衣装製作　遠藤美南　中西康子　SHIRAISHI D STUDIO
エキストラ担当　植地美鳩

広瀬すず

木戸大聖

岡田将生

田中俊介
トータス松本
瀧内公美
草刈民代
カトウシンスケ
藤間爽子
柄本　佑

浅田芭路　稲葉　友
川島潤哉　名村　辰
BOB　市川理矩

小慎まこ　山岡　一
針原　滋　花ヶ前浩一
関　幸治　平岡　亮
田中美登里　笠松伴助
夏梅　茜　瓜生和成
横路　博　原田麻由

二條正士　宮田　拓　富名腰拓哉　安田朝香
月岡ゆめ　松村ひらり　申　芳夫　小松広季
澤井一真　夏川空大　西塚春月　釜谷海来
山岡竜弘　小河研太　斉藤達矢　中村舜太郎
東　正実　紀那きりこ　南條みずほ　植松　俊
尾崎淳一　小森敬仁　篦津弘順　沢田優作
高知尾和規　北湯口佳澄　長友　誠　平　慶久
平野　弥　脇村佑輔　大岩和貴　和田　陸
田中咲希　宮崎龍一　眞舩　駿

引用

アントン・チェーホフ『桜の園』瀬沼夏葉訳 京央書林

撮影協力

株式会社関西ロケーションサービス　フィルムサポート島田　伊豆アニマルキングダム　伊豆リゾートヴィラ　日光江戸村
妙本寺　浄智寺　神戸大学　神戸迎賓館　KOBE FILM OFFICE　御坂自治会　妙心寺　京都市メディア支援センター
東近江市　一般社団法人東近江市観光協会　小田苅町自治会　茨城町　親沢公園キャンプ場　広浦公園キャンプ場
広浦屋　公益財団法人日本醸造協會　かわさき moveart 応援隊　株式会社レゾナック　SINCE 1955　DAY NITE
稲城ロケーションサービス　あじき路地

美術協力

松井美術　ブラシ　和泉園　尚建設株式会社　テクニカルアート
タローアート　グレイ美術　山田かつら

装飾・小道具協力

柳澤果樹園　小野内商店　前原光榮商店　高級アンティーク時計を扱う専門店 Melsy.com メルシーウォッチ　PIANO　スタジオリブレリー　笠間焼 向山窯
西荻窪 トライフル　日本大学芸術学部映画学科　nac　松装株式会社　Design Studio Sky Fish　Nippon Violin　Silver Fox

ヘアメイク協力

ELECTRON　TEMPTU　SUQQU　jane iredale　Koh Gen Do　サンクルルーシュ
ベル・クール研究所　Sutto!　株式会社 i-three　floren　YUMEDREAMING

エキストラ協力

KOBE FILM OFFICE　神戸フィルムオフィスサポーター（KOSの皆様）　三木フィルムコミッション　古賀プロダクション
SEVEN PROMOTION　CASTY　ブロッサムエンターテインメント　伊東ロケーションサービス　ロケサポート・伊豆　エキストラバンクしずおか
アネットワーク　栃木県フィルムコミッション　西伊豆町　下田市ロケーションサービス　静岡まきのはらフィルムコミッション
東京エキストラNOTES　京都市エキストラのみなさん　駿河湾沼津FC『ハリプロ映像研究会』

協力

Diamond Snap
東映東京撮影所　東映デジタルセンター　東映ラボ・テック　東映京都撮影所　松竹京都撮影所
ACCA　Smoke Inc.　TWIGGY.　nac　日本照明　NKL　ARRI　band　ペレッツア スタジオ
NICE+DAY　レスパスビジョン　東京衣裳　バルクレンタカー　日映美術　NHKエンタープライズ
アーク・システム　tuc transport　GOLDFISH　ヨアケ　TOTAL AQUATIC　五藤アクアティックス
国映　ムスタッシュ　シナリオプリント　株式会社レントシーバー　ファンテック　京都ユウベルホテル　クレフィール湖東
（一社）結×GLOBAL FACTORY　立命館中学校・高等学校　トライ・アットリソース　CAPSULE

特別協力

中原中也記念館　中原　豊

制作プロダクション

ギークピクチュアズ／ギークサイト

配給

キノフィルムズ

「ゆきてかへらぬ」製作委員会

木下グループ　田中耕三郎　川村卓也　佐久間大介
パパドゥ音楽出版　秋山奈美
ギークピクチュアズ　松本英晃

監督　根岸吉太郎

ダビングエンジニア　渡部未佳
サウンドエンジニア　板橋聖志　長田歩未　佐藤こはる
スタジオテック　岡本英也　隅田仁士
ポスプロコーディネート　志田直之　高橋杏奈
ラボマネジメント　江田佳賢
ポスプロスタジオ　東映デジタルセンター
データ管理　三宅邦明　齋藤遼馬　斧澤快矢
ポスプロマネージャー　高山俊樹

VFX

NICE+DAY Inc.
VFXディレクター　坪倉愛美
コンポジット・ディレクター　前田勇一郎
コンポジット・アーティスト　影山達也　仲西規人
スクリプト・デザイナー　下山由紀子
ロト・コーディネーター　坂﨑卓哉
プロダクション・マネージャー　齋藤加奈
制作デスク　中田雅子

あとりえTETO
Dマット・アーティスト　柴本幸弘

Aloha VFX
コンポジット・ディレクター　須賀　努

KI Studio
デジタル・アーティスト　小島ユウ子　月形満特

日本映像クリエイティブ
コンポジター　高塚万理子
VFXコーディネーター　豊　直康

イメージ・ロジック
VFXディレクター　金元省吾
VFXデザイナー　秋山和哉　古澤優真
VFXプロデューサー　安田拓二

アンダーグラフ
VFXプロデューサー　小林敬裕
コンポジット・アーティスト　佐々木良太

NICE IDEA（Indonesia studio）
Project Manager　Harris Reggy
Rotoscope Artist　Raymond Dicksen / Shandy Pranomo
Frederikus Verdi / Michael Oey

音楽制作　ティー・トーン
音楽録音　中山太陽
音楽録音スタジオ　サウンド・シティ
ミュージシャンコーディネイター　山田　広
譜面制作　ハッスル・コピー
MIDIプログラマー　宮井英俊
ピアノ演奏　岩代太郎

配給宣伝統括　西嶋祐一郎
宣伝プロデューサー　福中　愛
宣伝　鈴木　歩　佐藤可奈
野口　啓　飯田敏子
パブリシティ　麹谷　燎　仙波あゆみ
新島詠理　今井祐作　嶋田　萌
タイアップ　関　真
公式SNS　株式会社iD　金沢大基　山口紗奈
公式サイト　吉田昌央
宣伝デザイン　吉良進太郎
予告篇　高木　望　織田　朋　清水悠子
コピーライター　佐倉康彦
スチール　菊池　修
メイキング　飯塚花笑　山﨑みを
オフィシャルライター　相田冬二
宣伝協力　吉村知己

劇場営業　吉田　智　瀬川大輔　鈴木佐知子
海外セールス　清水麻希　半田真須美
契約担当　田頭伸哉

主題歌

「ユーモア」
キタニタツヤ
作詞・作曲：Tatsuya Kitani
編曲：トオミヨウ
（MASTERSIX FOUNDATION / Sony Music Labels Inc.）

劇中曲

「Swing Swan」
作曲：岩代太郎　編曲：窪田想士

バンド演奏

沢田優作　北湯口佳澄　鵜木孝之
小松結衣　銘苅盛通　平野　弥
脇村佑輔　玉置優里　和田　陸
田中咲希　宮崎龍一　眞船　駿

挿入歌

「不如帰」
作詞・作曲者不詳

「笛と太鼓」
作詞：石原和三郎　作曲：納所弁次郎

「さすらいの唄」
作詞：北原白秋　作曲：中山晋平

STAFF

写真
菊池 修

カバー＆本文デザイン
塩田浩章
PEDAL DESIGN

執筆
相田冬二（56～69ページ）
高見澤 秀［マイストリート］（70～73ページ）

編集
石橋典子［宝島社］
天野由衣子［コサエルワーク］

映画「ゆきてかへらぬ」公式浪漫手帖

二〇二五年三月七日　第1刷発行

著者　「ゆきてかへらぬ」製作委員会
発行人　関川 誠
発行所　株式会社宝島社
〒一〇二-八三八八
東京都千代田区一番町二五番地
電話　営業 〇三-三二三四-四六二一
編集 〇三-三二三九-〇五九九
https://tkj.jp

印刷・製本　サンケイ総合印刷株式会社

ISBN978-4-299-06527-8